Nikolaj Ljeskov
PAUN

REČ I MISAO
KNJIGA 543

Urednik
JOVICA AĆIN

S ruskog prevela
NADA UZELAC

NIKOLAJ LJESKOV

PAUN

IZDAVAČKO PREDUZEĆE „RAD"
BEOGRAD

Izvornik

Николай Лесков
ПАВЛИН
Худож. лит. Москва, 1988

Bio sam učesnik nevelikog kršenja strogog manastirskog običaja na Valaamu.[1] Na toj surovoj steni ne vole isprazne šetnje: odakle god da doplovi ovamo daleki posetilac i koliko god velika da mu je želja da se upozna sa ostrvom, on ne može sebi da priušti to ogromno zadovoljstvo – kažem *ogromno*, jer je ostrvo zaista veoma lepo i njegovi veličanstveni prizori su čarobni. Na Valaamu se svaki hodočasnik potčinjava *poslušanju*: on mora da ide u crkvu, da se moli, da obeduje, zatim da radi i, konačno, da se odmara. Na šetnje i razgledanje ovde se ne računa; ali ja sam, ipak, u društvu tri muškarca i dve dame uspeo da obiđem za noć celo ostrvo i da zauvek sačuvam u sećanju zadivljujući prizor, koji u slabom polumraku letnje severne noći čine divlje stene, mračne međe i tihi skitovi ruskoga Atosa. Izuzetno su lepe ove ćelije sa svojom dubokom tišinom, a među njima naročito zadivljuje skit Jovana Preteče na ostrvcu Serničan[2].

---

[1] *Paun* je prvi put objavljen u časopisu „Niva" 1874, br. 17–21, 23 i 24. Zasebno izdanje (Sankt Peterburg, 1876) u znatnoj meri se razlikuje od verzije iz časopisa. Rukopis nije sačuvan, ali se može pretpostaviti da Ljeskov ne samo da je popravio neka mesta, koja je cenzura zabranila, već je jako preradio tekst, pripremajući posebno izdanje *Pauna*.

[2] Na Monaškom ostrvu (na finskom: Serničan) bila je 1855. godine sagrađena kapela Jovana Preteče, po kojoj je ostrvo i dobilo naziv Pretečino. 1858 g. ovde je prema projektu A. M. Gornostajeva izgrađen skitski hram Jovana Preteče. Ne samo

Ovde žive pustinjaci kojima se surovost zajedničkog valaamskog života čini nedovoljnom: oni se povlače u skit Preteče, gde uprava obitelji[1] čuva njihov mir od svakog upada svetovnog čoveka. Ovde pale svoja kandila ljudi koji su umrli za svet, ali koji se neumorno za svet mole: ovde je večni post, ćutanje i molitva.

Ne znajući kuda vode valaamske stazice, dođosmo do tesnaca koji odvaja ostrvce Serničan od glavnog ostrva, i, opčinjeni gustom paprati, u koju je zarasla ovdašnja kotlina, sedosmo da se odmorimo i otpočesmo razgovor o ljudima, koji su ovu gluvu zabit izabrali za mesto svog života ispunjenog molitvama i meditacijom.

– Kakvi su to ljudi, kakva ih sila i kakva prošlost dovodi ovamo, da se ovde živi zakopaju? – uskliknu jedan naš sagovornik.

– Ja nikako drugačije ne mogu da ih zamislim nego kao nekakve duhovne divove i junake.

– Da, i imate pravo – odgovori drugi – to su junaci, ali junaci moćni bedom. To su zrna, koja su već *proklijala* i počela da niču.

– A dok nisu proklijali?

Sagovornik se nasmeši i odgovori:

– Dok nisu proklijali... oni su ležali kraj puteva, zarasli u trnje i propadali, kao vi, i ja, i ceo svet, dok ih vetar nije zgrabio i bacio na plodno tle.

– Vi govorite tako, kao da poznajete nekoga od ljudi, koji su imali snage da se živi zakopaju u ovom bespuću.

---

hodočasnicima, već i monasima je bez naročite dozvole bilo zabranjeno da posećuju Pretečino ostrvo, na kome je držan strogi post.

[1] Kaluđeri jednog manastira, manastirsko bratstvo; manastir.

– Da, čini mi se da sam zaista poznavao takvog čoveka.
– Da li je bio pametan?
– Da.
– I razuman?
– Hm! ... da. A uostalom, ja ne nameravam da sudim o njemu, ali ja sam ga voleo i veoma poštujem sećanje na njega.
– On je već umro?
– Da.
– Ovde?
– Nedaleko – odgovori sabesednik, ponovo se blago osmehnuvši.
– Život takvog čoveka uvek u meni može da izazove veliko interesovanje.
– I u meni, i u meni takođe – prihvatiše drugi.
Dame su bile još zainteresovanije od muškaraca, i jedna od njih, lepa plavuša crnih očiju, obrativši se ovom našem saputniku, reče:
– Znate li da biste nam učinili veliku uslugu ukoliko biste nam baš ovde, u tišini ovog bespuća, na kome smo se tako neočekivano našli, ispričali povest o vama poznatom isposniku.
Druga dama i svi mi pridružismo se toj molbi – i taj, na koga se ona odnosila, složi se da je ispuni te poče:

I

Pre dvadesetak godina, kada sam bio đak i išao u jednu peterburšku gimnaziju, živeo sam sa pokojnom majčicom i njenom sestrom, a mojom tetkom, Olgom Petrovnom, u kući moje druge, bogate tetke po ocu. Iako ova druga sada više nije živa, ja ipak neću otkrii njeno pravo ime i nazvaću je Ana Lavovna. Njena kuća i sada stoji na istom mestu na kome je stajala; samo što je tada bila poznata kao jedna od najvećih u celoj ulici, a sada je tamo jedna od najmanjih. Ogromne moderne građevine stisnule su je i na nju više niko ne obraća pažnju, kao što je to bilo u ono vreme od koga počinje moja priča.

Kada sam već počeo svoje pripovedanje od kuće, a ne od ljudi, treba da budem dosledan i da vam ispričam kakva je to bila kuća; a ona je bila strašna – i to strašna po mnogo čemu. Bila je kamena, dvospratna, sa tri dvorišta, koja su jedno za drugim vodila unutra, ograđena sa svih strana ravnim dvospratnim zgradama. Izgledala je mračno, sumorno, skoro poput tamnice. Utisak, koji je ostavljala, bio je veoma mučan. Ova kuća predstavljala je deo miraza moje tetke, kad se udavala za njenog ne baš dalekog rođaka, koji je veoma mnogo obećavao u svoje vreme, sjajnog svetskog mladog čoveka, koji je, međutim, završio tako što je izuzetno vešto spiskao sav svoj neznatan i ženin znatan imetak i posegnuo za ostacima njenog miraza, to jest za ovom kućom. Ovakvu nameru muž moje tetke otkrio je u Parizu, gde su supružnici živeli u to vreme i gde je Ana Lavovna mislila da blista lepotom i da njom može da zadivi ceo svet – samo da pred očima tog sveta nije svetlucala nekakva dama iz polusveta, sa kojom je borba bila neugodna, pa i nemoguća, jer je raskoš ove druge bila tako basnoslovna, da su se najsolidnije dame interesovale: odakle sve to jednoj kurtizani? Interesovala se za ovo, verovatno, i moja tetka Ana Lavovna, i dobila je od svog muža odgovor da zavidan položaj nevaljalice zavisi od darežljivosti nekog Engleza, koji se obogatio u indijskoj kompaniji; ali se uskoro ispostavilo da je to besmislica i da bogataš – Englez nije niko drugi do sam suprug moje tetkice, koji je veoma nesmotreno rasporedio njenu imovinu u korist te tamne zvezde. Njegov zanos je otišao tako daleko da njima nije ostalo ništa osim peterburške kuće o kojoj govorim. Saznavši za ovo, tetka Ana Lavovna je malo besnela, malo ridala, a zatim se urazumila i ispoljila ne samo veliku snagu karaktera, već i popriličnu bezdušnost: ona je zvanično poništila svoja punomoćja na ime muža i, ostavivši ga u Parizu na milost poveriocima odjurila nazad u Rusiju i nastanila se u svojoj kući. Ova kuća davala je povelik prihod, tako da je tetka mogla ne oskudevajući da živi od tih sredstava i da vaspitava sina Voldemara, ili kako su ga u kući zvali, Dodu. Mužu ništa nije slala i nikada o njemu nije govorila; tako da se on negde izgubio, i najzad, potpuno bez traga nestao u inostranstvu. Jedni su govorili da je umro negde u dužničkom zatvoru; drugi su tvrdili da je služio kao krupije u nekakvoj kockarnici. Ali to je za nas svejedno. Tetka Ana Lavovna je u to vreme, kada sam je ja upoznao, bila žena od oko četrdeset pet godina; još su se na njoj videli tragovi izvanredne, iako krajnje neprijatne, hladne i stroge lepote, koja je predstavljala obeležje žene ruskog bomonda[1]. Ana Lavovna je živela u svojoj kući, zauzimajući polovinu veoma lepog visokog partera. To je bio veliki stan, koji je omogućavo tetki da živi kako priliči velikoj dami, uz to strogoj i solidnoj, kakvom ju je smatrao veliki broj ljudi na visokom položaju koji ju je posećivao. Ona je volela da se malo razmeće svojim položajem, žalila se kada se za to ukaže prilika na svoju nezaštićenost i ograničenost udovičkih sredstava — i izvrsno završavala svoje poslove. Zahvaljujući njenim vezama i snalažljivosti, vaspitanje sina ništa je nije koštalo, ona je, pored toga, nekako isposlovala ve-

---

[1] Visokog društva (od franc. *beau monde*). — *Prim. prev.*

oma pristojnu novčanu pomoć zbog „besprimerne nesreće", a prihod od kuće štedela. Ana Lavovna je bila veliki račundžija i, istinu govoreći, veoma bezosećajna, što, po mom mišljenju, možete u neku ruku da zaključite iz njenog postupka prema mužu, kome nikada nije oprostila njegovu krivicu i nije mu pomogla u njegovoj bedi nijednim grošem. U tetkinoj kući svi su je se plašili i strepeli od nje: ja sam to vrlo dobro znao, jer sam, živeći u jednoj od njenih dvorišnih kućica, mogao da posmatram kako su je ljudi gledali. Tetka nije imala upravnika: sama je vodila svoju kuću i bila najstroža i najnemilosrdnija gospodarica. Kod nje je bio takav običaj da su svi stanari kuće morali da joj plate stanarinu mesec dana unapred, i ukoliko neko ne bi platio jedan dan, ovome su odmah vadili prozore, a kroz dva dana izbacivali stanara napolje. Olakšica i popustljivosti nije bilo ni za koga, i njih niko od stanara nije pokušavao ni da traži, jer su svi znali da bi to bilo uzaludno. Tetka je vodila poslove mudro: nju samu stanari nikada nisu videli, i nikoga od njih nisu njoj puštali ni pod kakvim izgovorom – ona je samo davala naređenja, i ova nemilosrdna naređenja su izvršavana. Govorilo se da prilikom izvršavanja ovih naredbi nikada nije smelo ni trunke da se popusti, ali tetka je ipak nalazila da su izvršioci njene volje postupali još prilično blago, i promenila je mnoge od njih, sve dok najzad nije našla jednog, koji je potpuno odgovarao njenoj nemilosrdnoj strogosti. Ovaj izuzetan čovek bio je vratar Paun Petrov, prezimenom Pevunov, ili prosto, kako su ga zvali – *Paun*. Preporučujem ovoga čoveka vašoj naročitoj pažnji, zbog toga što će on, bez obzira na njegov skromni položaj, biti junak priče koju sam počeo. Zbog ovog istog razloga opisaću vam ga malo detaljnije i ispričati kako smo mi lično imali zadovoljstvo da se upoznamo sa ovim čudakom u šarenoj livreji.

II

Kada smo se mati i ja uselili u mali stan jedne od dvorišnih kućica u drugom dvorištu tetkine kuće, Paun Pevunov je već šest godina služio kod nje kao vratar i važio je za njenog najodanijeg čoveka i, što se kaže, njenu desnu ruku. U vezi sa neograničenim poverenjem Ane Lavovne u Pauna i još više u vezi s tim što je živeo kod nje ne smenjivan mnogo godina, dok pre njega niko nije mogao da se privikne na život kod nje, kućom su kolale razne besmislene glasine, koje su se zasnivale na najglupljim zaključcima, a ponajviše na tome što je Paun, po mišljenju mnogih, bio lepotan. Opisaću vam spoljašnjost Pauna u tom periodu njegovog života kada sam ga upoznao. U to vreme imao je nešto više od četrdeset godina, bio je visok muškarac, čvrst i stasit; svetloplave kose, sa velikim, veoma prijatnim sivim očima, lepim pametnim čelom, izrazitom strogošću na licu i dostojanstvom u pokretima i celom svom izražajnom držanju, koje je padalo u oči. Mogli bi se opkladiti u bilo šta, da ni u jednoj prestonici Evrope nije bilo i nema impozantnijeg vratara od Pauna. Mislim da bi on izgledao još važnije u nekoj drugoj livreji, uglednijoj od livreje vratara; ali, ipak, i ta šarena odeća mu je izvanredno pristajala. U dugom mundiru sa kapuljačom, izrazite plave boje, opšivenom širitima, u širokoj ešarpi, ukrašenoj širitima, u trougaonom šeširu i sa sjajnom pozlaćenom palicom u rukama, Paun je bio pravi *paun* i to najraskošniji paun, koji može da se takmiči sa najboljim primerkom ove gizdave ptice, koju je Junona tvorila od Argusa[1]. Zbog ove naočitosti Paun bi mogao da dobije mesto vratara u bilo kom klubu ili bilo kom od najraskošnijih poslanstava, ali Paun ovome nije težio i služio je u prilično skromnoj, buržoaskoj kući moje tetke. Ovde je stupio na prvu službu u Peterburgu, a da menja službe nije bilo u skladu sa njegovim principima. O Paunu se kod tetke nije mnogo vodilo brige i, po običaju buržoaskih kuća, on je obavljao nekoliko dužnosti. Paun je bio tetkin Argus: uz njegovu pomoć ona je mogla da sazna sve što je samo poželela. Kao da je video celu kuću kroz njene kamene zidove i znao šta se radi u njenim najskrovitijim zakucima – i ovo je svima bilo samim tim čudnije što Paun u celoj kući nije imao ni sa kim od posluge nikakve odnose. On je bio veoma ponosit i važan ne samo po izgledu, već i po karakteru – punom samopoštovanja, čvrstom i čak nadmenom. Paun je živeo u maloj sobi, koju je držao veoma čistom, skrivenoj iza stubova velikog glavnog antrea, u kome se na malom podestu između dva stuba nalazio njegov presto, starinska crna fotelja sa bakarnim zmajem i visokim naslonom. Od kada se Paun uselio u svoju sobu kod njega niko sa strane nije dolazio i niko nije znao kako je nameštena. Na dva prozora Paunovog kaveza koja su izlazila na ulicu uvek je bila namaknuta muslinska zavesa, na njima su stajale saksije sa cvećem – i ukoliko bi neko uspeo da zaviri kroz ove prozore uveče, kada bi soba bila iznutra osvetljena kandilom koje je gorelo ispred ikona, mogao je da vidi samo vrh veoma čistih, gustom plavom bojom ukrašenih zidova i paravan, i više se ništa nije

---

[1] Argus je u antičkoj mitologiji stooko biće, svevideći stražar, kome je u snu polovina očiju uvek bila budna. Kada ga je ubio Hermes (Merkur), Hera (rimska Junona) ukrasila je rep pauna Argusovim očima.

moglo uočiti. Soba je stalno bila zatvorena i ključ od njenih malih vrata uvek je bio kod Pauna u džepu. Dokonim ljudima, koji su pod ovim ili onim izgovorom pokušavali da prodru u Paunovu odaju on to nije dopuštao na najodlučniji i najotvoreniji način, tako da su ga najzad svi ostavili i niko nije pokušavao da mu dođe u goste. Šta je tako brižljivo čuvao Paun u svojoj večito zaključanoj sobi – to niko nije mogao da odgonetne, a pošto to nije moglo da ostane bez objašnjenja, komitet za praćenje Pauna, koji je osnovan u kući, otkrio je da on takođe veoma vodi računa, da je umeren u jelu i da ništa ne pije osim vode i mleka – zbog toga je komitet saopštio da je Paun „molokan"[1]. To se svima jako svidelo i zadovoljilo je opštu znatiželju vezanu za ličnost Pauna do te mere, da su se svi smirili u uverenju da je Pavlin *religiozni naduvenko*. Kao što u svakoj besmislici ima zrno istine, tako je bilo i ovde: Paun je zaista bio ohol i naduven i nije dozvoljavao da mu se iko od posluge i najmanje približi. To je bilo i razumljivo: on je stavljen sa njima u istu sredinu, ali sa njima nije imao ništa zajedničkog ni u pogledu pameti, ni u pogledu karaktera. Malo se znalo o njegovoj prošlosti: govorkalo se da je on bio kmet koji je služio kao sobar kod neke važne osobe i da je pet godina pre toga otkupio svoju slobodu, davši svom gospodaru skoro hiljadu rubalja u srebru samo za svoju gordu i surovu dušu; ali tim govorkanjima nije se baš verovalo. Mnogo više se verovalo nečijoj izmišljotini da je Paun opljačkao poštu, ubio šest poštara i zatim nabavio lažne papire sa kojima ži-

---

[1] Slično priprosto („materijalno") prostonarodno razmišljanje o ruskim pripadnicima religijske sekte „molokanima" prisutno je i u autorovoj priči „Besmrtni Golovan". Sami pripadnici sekte, ponikle u Rusiji u XVIII veku, tvrdili su da je njihovo učenje „razumno mleko", o kome se govori u Svetom Pismu.

i kao vratar, čuvajući u svojoj zaključanoj sobici nezmerno bogatstvo opljačkane pošte. Uostalom, i ovo se, što je i razumljivo, govorilo sa strane; sam Paun nikada ništa nije govorio o svojoj prošlosti. Svoj život vodio je jednolično i proračunato, kao sat: rano ujutro pojavljivao bi se u antreu, prao ga, a zatim bi se sakrio u svoju sobu, gde je pio čaj ili kafu iz nekakvog naročitog samovara, čiji je sklop i način ključanja za sve ostao tajna i predmet neobjašnjive znatiželje. Zatim bi se Paun samo u livreji pojavio na stepeništu i uputio tetkici; tu je podnošen izveštaj ili vođen razgovor, o kome niko ništa pouzdano nije znao i svi su spletkarili, govoreći neverovatne i nemoguće besmislice. Razgovor je trajao oko sat vremena i nakon njega Paun bi se ponovo pojavio na stepeništu, ali ne više praznih ruku, već sa spiskom stanara, koji je stavljao na sto ispod mušeme, oblačio ešarpu, uzimao palicu u ruke i otključavao ulazna vrata. Obavivši ovu ceremoniju, seo bi u široku fotelju, opšivenu crvenim safijanom, i počinjao da pregleda spisak stanara, vadeći iz njega olovkom beleške u posebnu svesku. Ovim poslom Paun se bavio do deset. Sa poslednjim udarom desetog sata naslonio bi palicu na stub, zamenio trougaoni šešir kačketom, opšivenim gajtanima, i u ovoj poluuniformi izlazio kroz kapiju u dvorište; u prolazu bi ćutke udario rukom u vrata kućepazitelja i kada bi odatle na ovaj znak istog trena izletela dva krupna momka, jedan sa sekirom, drugi sa čekićem i kliještima, i oba mu se duboko poklonila, odgovorio bi im na pozdrav bez reči naklonom i pošao dalje. Kućepazitelji, naoružani sekirom i kleštima išli bi za njim ćuteći na pristojnoj udaljenosti. Paun je usmeravao korake tuda kuda mu je pokazivala knjiga stanara, koju je držao otvorenu pred sobom.

Teško bih mogao da vam prenesem i delić onoga što je kod svih u kući izazivao taj jutarnji pohod Pauna, u pratnji dva liktora[1]. Iz svih prozora dugačkih dvorišnih kućica u unutrašnjem dvorištu, koje su nastanjivali siroti stanari, u Pauna su upirani čas zlobni, čas prezrivi, a najčšće uznemireni pogledi: često su se za njim čule pogrdne reči i zajedljive poruge, još češće proklinjanja i molećiva zapomaganja; Paun nije ni na šta od toga obraćao nikakvu pažnju. On se kretao svojim putem, kao planeta u nizu zvezda[2] u skladu sa svojim zakonom kruženja, i nikoga nije udostojavao nikakvom izjavom, ni gneva, ni sažaljenja. Ova povorka znači da Paun ide da sakuplja mesečnu stanarinu od bednih stanara sićušnih stanova, na koje je tetka podelila sve unutrašnje dvorišne kućice – opravdano računajući da sićušni stanovi uvek donose više nego veliki, jer njih uzimaju siroti ljudi, kojih je uvek više nego bogatih i koji ne mare ni za ukus, pa čak ni za čistoću. A zbog čega je ova Paunova povorka ostavljala takav utisak i izazivala toliki užas, videćemo sada, ukoliko pođemo za njim jednom od uskih, mračnih stepenica, kojima se on penje u pratnji svojih pomoćnika. Evo on se zaustavlja kraj njemu poznatog stana i zvoni na vrata; njemu ne otvaraju odmah, ali on je strpljiv i ne navaljuje; on čuje kako se tamo došaptavaju, trče, nešto sakrivaju i plaču – i sve vreme stoji, a zatim zvoni po drugi put, ne naročito jako, ali tako odlučno da je već nemoguće ne otključati se, i vrata se nerado otključavaju. Paun skida kačket i spo-

---

[1] Liktori su sluge i pratioci najviših državnih činovnika i sveštenika kod starih Rimljana, koji su nosili pred svojim gospodarima snopove pruća, iz čije je sredine strčala sekira, kao simbole vlasti; inače, u svemu slepi izvršioci volje svojih gospodara.

[2] „...planeta u nizu zvezda..." – netačan citat iz Puškinove pesme „Portret" (1828).

kojno ulazi kroz njih sa svojom knjigom, dok ga ljudi iz pratnje za to vreme čekaju na terasi. Ukoliko kroz tri-četiri minuta on izađe napolje, neizostavno ćete videti da nešto stavlja u manžetnu svoje šarene livreje. To on sklanja gospodarski novac i ide dalje, u drugi stan koji je danas takođe na redu da plati za mesec unapred. Kućepazitelji ga opet prate u stopu sa sekirom i kleštima i čekaju njegove *naredbe*. Svi čekaju te naredbe, i svi mole boga da do njih ne dođe. Ali kakve su te naredbe?... A evo kakve su: Paun, izašavši iz jednog stana, ništa nije stavio u svoju manžetnu, već je samo klimnuo glavom i odmah se u jednom od prozora tog stana pojavljuju dve glave Paunovih pratilaca; sekira i klešta rade neopisivom brzinom i spretnošću, ram nestaje – i kroz obezramljen prozor se razleže ženski krik i dečiji plač, a Paun kreće dalje, i njegovo kretanje se negde opet očituje ramom koji nestaje iz prozora... I opet su krik i plač, i kroz prazna okna kuljaju oblaci nezaštićene sobne toplote, koju beda izložena mrazu uzalud nastoji da zadrži i sačuva prnjama koje kači na poluge i četke...

Što se više ide u dubinu dvorišta i što su viši spratovi, to se ove Paunove naredbe, koje izazivaju jezu, češće ponavljaju. Hteo sam da kažem „i odlučnije", ali kod Pauna nikada ništa nije bilo nedovoljno odlučno.

Obišavši sva vrata, na koja je tog dana trebalo da pokuca, kretao se suprotnim smerom, a kućepazitelji su za njim nosili izvađene ramove, koje je Paun sam zaključavao u posebnu ostavu, kod sebe, ispod stepenica, a zatim je spokojno sedao u svoju visoku fotelju sa bronzanim zmajem na naslonu i počinjao da čita Pčelicu[1] i druge novine, koje su dolazile u kuću, pret-

---

[1] „Severna pčela", novine veoma popularne među pismenim prostim svetom. „Severna pčela" je izlazila od 1825–1864. godine. Njen osnivač i urednik do 1859 g. bio je F. V. Bulgarin (kasnije P. S. Usov).

hodno neizostavno prolazeći kroz Paunove ruke. Ovo čitanje ga je, očigledno, veoma zanimalo i on se time bavio u svim slobodnim trenucima. Pregledavši novine i tek onda ih razdelivši njihovim pretplatnicima, Paun je počinjao da čita knjige, uglavnom ili čak isključivo prevedenih francuskih romana, koje on, uostalom, iz ponosa ni od koga nije tražio, već ih je pozajmljivao iz biblioteke.

Zauzetog ovim, osim posetilaca kojima je Paun bio dužan da pruži pomoć u skladu sa dužnošću vratara, njega su baš zauzetog ovim zaticali drugi posetioci – i to oni stanari, čije je stanove on ujutru izložio pojačanoj ventilaciji pomoću izvađenih ramova.

Ukoliko bi nemaran stanar donosio novac, Paun ga je ćutke uzimao, beležio u knjigu i povlačio zvono, na koje su se pojavljivali kućepazitelji i, ćuteći iznevši iz sobička pokazani im ram, pošli da ga nameste. Ukoliko bi se stanar ili stanarka pojavljivali sa žalbom, prekorom ili molbom za povlasticu, opet bi bilo ćutanje, zvono i kućepazitelji – i molilac je bio izveden, ne čuvši u odgovor na svoje žalbe ni jedne reči.

Tako je izvršavao prijateljstvo mojoj tetki njen poznati Paun, kome je kasnije sudbina skuvala kašu ništa manje vruću od svih onih koje je on zakuvavao stanarima tetkine kuće.

III

Moja mati, njena sestra Olga Petrovna, koja se zbog bolesti *maman* bavila mojim vaspitanjem, i ja imali smo u kući Ane Lavovne mali stan na jednom od stepeništa drugog dvorišta. Ja ne mogu sada da se setim koliko smo mi plaćali za naš stan, i ne mogu da kažem kako bi se sa nama postupalo da bar jedanput ismo za njega platili odgovarajuću sumu u određeno reme. Verovatno da Ana Lavovna, ne štedeći svog estalog muža, ne bi pokazala slabost ni prema njegooj sestri, a mojoj majci, kojoj je iz bog zna kog raloga palo na pamet da živi u kući svoje zaove, u ko)j nas je već na prvom koraku dočekala neprijatnost oja se ne zaboravlja, kada smo se prvi put upoznali a Paunom. Preseljavali smo se u tetkinu kuću na sa10 Badnje veče. Dan je bio veoma hladan i, kao i bično za to doba godine u Peterburgu, veoma kratak, iko da je sumrak već počeo da pada kada su kola na)varena našim skromnim nameštajem ušla u dvorite. Mati je do tada sedela kod tetke Ane Lavovne, a a i teta Olga, koja nije mogla da podnese Anu Lavovu, hodali smo tamo-amo po praznom stanu; ali čim ᴢ stigao naš nameštaj, mati je takođe došla u svoj tan da bi odredila gde da se stave stvari. Po njenim ečima, Ana Lavovna ju je sama posavetovala da bog toga dođe, i ona je došla i rekla ljudima: „Unoite", ali ljudi su se samo pogledali među sobom, a iza jihovih leđa iznikao je Paun i za njim njegova dva .ćutanta sa poznatim alatom.

— Šta ti, dragi moj, želiš? — upita *maman*.

— Molim vas novac za mesec dana! — odgovori Paın, otvarajući pred *maman* svoju knjigu.

— Dobro, dragi moj, dobro; sutra ujutru ću da poaljem! — odgovori *maman* sa srdačnom prisnošću,)dgurujući od sebe rukom i knjigu i Pauna i pozivaući svoje sluge; ali sluge se nisu pomicale, a Paun se edva primetno osmehnu i odgovori da on za sutra ni:ta ne može da odlaže, da novac treba da mu se plati ıeizostavno istog trenutka.

Maman je primila to kao neučitivost; tako se uvrelila, da je prebledela.

Paun je to primetio, i to mu je, očigledno, bilo neprijatno: namrštio je obrve i sa nekom razdražljivom nestrpljivošću u glasu progovorio:
— Gospođo! Ovde je takav red.
— Odlično, što je kod tebe takav red, ali ti bar, pretpostavljam, možeš da proceniš... — Mati, u uzbuđenju, nije mogla da nađe reči i poče da muca.
Paun joj odgovori na poslednju primedbu:
— Mogu, gospođo.
— Ti znaš da Ana Lavovna meni nije tuđa, već bliska?...
— Znam, gospođo.
— A znaš li, dakle da... dakle šta bi ti?..
— Novac, gospođo... ja bez toga ne mogu da dozvolim da se unose vaše stvari.
— Kako ne možeš da dozvoliš? Pa zar stvari treba da stoje noću na dvorištu, a mi da spavamo na podu?
— I ne treba da spavate na podu, a vi izvolite izaći odavde ili ću sada da naredim da se izvade prozori — odgovori Paun i, opet nestrpljivo mrdnuvši obrvama, dodade: — Kod nas je takav red.
Među poslugom i kočijašima, koji su dovezli naše stvari, otpoče razgovor i pometnja. Paun je stajao sa knjigom u predsoblju i ni na šta nije obraćao nikakvu pažnju.
— Ali to je smešno — uzviknu *maman* — ja sam sada bila sa Anom Lavovnom, i ona mi ni reči nije rekla da mi ne veruje do sutra... Zasedevši se kod nje zakasnila sam da uzmem novac iz banke. Ali... ali kakva glupost! Ja uopšte ne želim s tobom da se raspravljam — dodade, naljutivši se, mati i reče da ona sada sama ide do Ane Lavovne.
— To će biti uzalud, gospođo — odgovori Paun suvo.
— E, to već nije tvoja stvar, dragi moj.

I ona se, uzrujana, ogrnu maramom i pođe domaćici, dok je Paun, ne napuštajući svoje mesto, dao za nas neprimetan znak svojim asistentima – i za tren, na naše veliko iznenađenje, iz sobe, određene za majčinu spavaću sobu, udari prodorna hladnoća. Ja, koji sam se do tada bavio razgledanjem šarene Paunove odeće, osvrnuo sam se i video da kućepazitelji nose u rukama po jedan unutrašnji ram, a u isto vreme se sa druge strane pojavila *maman* i, sva drhteći od hladnoće i negodovanja, rekla na francuskom:
— Zamisli samo, Olga, kakva je ta Ana Lavovna? Zamisli, ona me nije primila!
Dobra tetka Olga odovori da je ona to i očekivala.
— To je strašno! – odgovori *maman*. – Sigurna sam da je ona kod kuće, jer nema ni četvrt časa otkako smo se rastale; ali meni su rekli da je otišla na bdenije. Kako ona može da bude na bdeniju kada ovde, u njenoj kući, vređaju rodbinu njenog muža? Idemo odavde: neka sve ostave na dvorištu, ali ja ne želim ovde da živim, i moja noga neće više kročiti u ovu kuću! Oblači se i idemo negde u hotel. Ne mogu ni na trenutak da podnesem tog nitkova!
Napravivši ovaj pomenuti kompliment na račun Pauna, moja nervozna *maman* poče naglo da mi oblači moj zimski kaput. Među poslugom pometnja se još više pojačala; kućepazitelji, sa izvađenim ramovima u rukama, krišom su se podrugljivo smeškali; kočijaši su dole vikali i galamili, negodujući što ih tako dugo ne puštaju; stanom se kroz izvađene ramove razmilela hladnoća. Paun je stajao u svojoj strogoj pozi, i na licu mu se nije mogao uočiti nikakav nemir. Kako god čudno može da vam se učini moje poređenje, on me je odmah podsetio na Getea, čiji sam veličanstven i do ravnodušnosti spokojan lik poznavao sa gravire, zalepljene u mojoj dečijoj knjižici. Pauna kao da uopšte

nisu dirale sitne patnje ljudi: on je imao na umu nekakvu opštu harmoniju onoga što je činio i video.

Ali, i uz sva ova moja zapažanja ja ne znam kako bi se cela ova smešna i neugodna zbrka sa nama završila; po svoj prilici nas bi isterali da se u ovo nije umešala tetka Olga. Ona je odvela *maman* malo u stranu i, govoreći s njom na francuskom, uspela da je ubedi da se kapricom ništa neće postići i da mi poštovanoj Ani Lavovnoj ništa nećemo dokazati jer je ona, verovatno, videla razne dokaze te vrste i nijedan je nije razuverio.

– Ali ja sam sigurna da to nije ona, već ovaj grubijan – govorila je, popuštajući, *maman*.

– A ja sam, naprotiv, sigurna da je to upravo *ona*, a ne „ovaj", kako ti kažeš „grubijan". On mi izgleda kao vrlo dobar i pošten čovek, jer on izvršava upravo ono što treba da izvrši; ja to poštujem i cenim – odgovori Olga.

– Ali šta da radimo? To je smešno: ja nemam novaca, zaboravila sam da ih uzmem...

– Mi ćemo ih naći i platićemo.

– Gde? Sada je banka zatvorena, napolju je veče, a mi nemamo nikoga od poznanika (mi tada samo što smo se preselili u Peterburg iz provincije). Pa ne možemo od Ane Lavovne da pozajmimo da bismo njoj platili.

– Ne, ne od nje – reče teta Olga i radi toga, prišavši Paunu, skinu sa svoje ruke dva brilijantska prstena i upita: – Da li biste vi mogli da uzmete ovo od nas do preksutra u zalog? Preksutra ćemo mi uzeti novac i otkupiti.

– Gospođo, ja moram sada da dam gospodarici novac – odgovori Paun sa dubokim poštovanjem prema Olgi.

Odgovarajući joj na pitanje, kao da joj je intonacijom svog glasa zahvaljivao za ono što je ona o njemu rekla *maman*.

– Pa, pošaljite ove stvari u neki dućan.

Paun je razmislio – i, namignuvši jednom svom kućepazitelju, naredi mu da ispuni Olgin zahtev i da založi njeno prstenje kod nekog poznatog trgovca, čije ime je rekao a zatim još jednom radi pouzdanosti ponovio.

Dok se poslati kućepazitelj nije vratio sa novcem, kojih je doneo više nego što nam je za ovu priliku bilo potrebno, Paun je ćuteći pomagao drugom da namesti naše izvađene ramove – i, dobivši za stan ono što mu je sledovalo, učtivo se poklonio i izašao.

Tetka Olga, koja ne samo što je bila veoma razumna i dobra, već i veoma veselog karaktera i duhovita, odmah po odlasku Pauna počela je veoma šaljivo da se podsmeva našoj minuloj neprilici, i izazvala veoma veselo raspoloženje ne samo kod *maman* i mene, već i kod sve naše posluge i kočijaša, koji, doneseći odozdo svaku stvar u sobe, nisu propuštali priliku da zbijaju razne šale na račun Ane Lavovne, nazivajući je ženom đavolom, vešticom i drugim laskavim imenima.

Kroz jedan sat kod nas je sav nameštaj bio stavljen na svoje mesto, sitne stvari su manje-više bile smeštene i stan je doveden u kakav-takav red: a za još jedan sat, koji smo mati, tetka i ja proveli na bdeniju, zatekli smo naš stan već topao i dočekali smo praznik u svojim čistim posteljama. Dan kasnije prstenje tetka Olge, naravno, bilo je otkupljeno i mi smo počeli tu da živimo, odlučivši da ne ostanemo dugo nakon neprijatnosti na koje smo na prvom koraku naišli. *Maman* je govorila da mi nećemo ostati ovde više od mesec dana, a ukoliko ona ranije nađe prikladan stan odselićemo se odavde i ranije. Niko joj nije protivurečio, ali drugi prikladan stan, na majčino najveće nezadovoljstvo, nije mogao da se nađe, a taj u kome smo sada živeli bio je topao, suv i najprikladniji mogući za nas. Pored toga surova kuća tetke Ane Lavovne, zahvaljujući Paunovom strogom duhu, koji je u njoj vladao, izdvajala se svojom tišinom i urednošću, na šta je tetka Olga ukazivala *maman* i malo-pomalo je ubedila da se ne uzrujava i da se ne seli odavde pre leta.

– Mi je time nećemo kazniti – govorila je tetka Olga, ciljajući na poštovanu Anu Lavovnu – a sebi ćemo samo zadati brige i gubitke. Da li je ona vredna toga?

Mati se malo-pomalo složila sa tim da Ana Lavovna nije vredna toga, i odlučila je da ostane još mesec dana, ali samo pod uslovom da „grubijan", to jest Paun, ne narušava njen mir i nikada se ne pojavljuje u našem stanu.

Tetka Olga se obavezala da će to srediti – i uoči tog dana, kada je trebalo da platimo za drugi mesec, ona sama je odnela novac u vratarsku sobu i predala ih Paunu.

Sa Anom Lavovnom se nisu videle ni *maman*, ni tetka Olga, kod koje sam u odnosu prema Ani Lavovnoj, i pored sveg svog tadašnjeg neiskustva, primećivao neodoljivu odvratnost. Mi smo živeli kao ljudi potpuno tuđi i nepoznati gazdarici, i to nam nimalo nije smetalo – nju to, verovatno, takođe nije remetilo. Mi smo sa svojih prozora videli kako Paun s vremena na vreme ide u svoje kobne obilaske po kući radi prikupljanja novca; posle čega su se čas u jednom, čas u drugom stanu pojavljivale rupe; ali to se nas nije direktno ticalo i mi smo se na to skoro navikli i čak počeli da s tim pomalo zbijamo šale. Šta da se radi? Takva je snaga „čudovišta-navike".[1] Mi se nismo smejali nesreći stanara koji su bili izlagani mrazu, već načinu

---

[1] „Navika-čudovište" (*Hamlet,* 3. čin, 4. pojava.)

na koji se to činilo usred mnogoljudnog grada, kao u stepskom svratištu. Taj važni šareni Paun sa fizionomijom i pozom Getea, ti kućepazitelji sa alatkama, koji su podsećali na one koji razapinju Isusa Hrista sa slike Štejbena[1], i to hitro vađenje i nameštanje prozora i potpuna ravnodušnost svih prema toj samovolji – sve to je zaista imalo u sebi nešto tragikomično. Kod nas se Paun nije pojavljivao, jer je pred kraj drugog meseca tetka Olga opet sprečila njegovo pojavljivanje, lično mu odnevši novac u njegovu vratarsku sobu dan pre roka; isto tako je opet dan ranije ona platila i za četvrti mesec, i ovakav običaj se kod nas ustalio, i zahvaljujući njemu mi smo nastavili da živimo u svom lepom i udobnom stanu potpuno zaboravivši da ova kuća pripada Ani Lavovnoj, zahvaljujući kojoj smo tako originalno dočekali veče pred Božić. Setili bismo se nje, uostalom, kada bismo sa svojih prozora videli svetla u njenim svečanim sobama, ali setili bismo se onako uzgred, ravnodušno: „eno ima goste" ili nešto slično. Što se tiče Pauna, ja ni sam ne znam kako se to desilo da je njegovo ime, koje je dugo vremena kod nas bilo zabranjeno, odjednom počelo da se izgovara ne samo bez razdražljivosti i gneva, već čak s nečim nalik poštovanju.

IV

Ukoliko je dobro mišljenje o Paunu, koje se kod nas ustalilo, moglo da mu u nečemu bude od koristi, za to je on imao da zahvali tetka Olgi, prema kojoj se prilikom svakog susreta odnosio s beskrajnom paž-

---

[1] Šarl Štejben (1788–1856), francuski slikar, od 1843. do 1854. g. radio u Peterburgu. Radi se o njegovoj slici „Hristos na Golgoti" (1841).

njom, a i sam je stekao kod nje blagonaklonost. Mati se u šali podsmevala tetka Olgi da je ona učinila Danilovo čudo nad zverovima[1], potčinivši sebi Pauna, ali u ovoj šali je bilo zrnce istine: Paun je duboko poštovao tetku, mada u prilog njemu treba reći da je on, ipak, i ovo duboko poštovanje izražavao potpuno sačuvavši svoje nadmeno dostojanstvo. On joj se samo klanjao mnogo niže, nego drugima, i propuštao je da prođe sa više poštovanja nego prema samoj Ani Lavovnoj, koju on, prema zapažanju tetka Olge, nije mogao da podnese i koju je prezirao. Na čemu je ona zasnivala ove svoje zaključke i ocene, nikada ne razgovarajući sa Paunom, ja ne znam, ali se u ovim zaključcima osećala istina. Iz ovoga vi vidite da smo se mi iz nekog razloga stalno bavili Paunom: zainteresovao nas je za sebe, ne isključujući čak ni mene, koji sam piljio u njegovu šarenu livreju, ni *maman*, koja je počela da oseća simpatiju prema njemu zbog prezrenja prema Ani Lavovnoj, koju je tetka Olga primetila kod njega.

Ovako je proteklo dosta vremena: mi smo i dalje nastavili da živimo u kući Ane Lavovne i posmatrali Pauna izdaleka, sve dok se iznenada potpuno neočekivano nije javio povod za neposredno upoznavanje sa njim. To se desilo tako što je *maman*, nezadovoljna nekim od slugu uzimala u službu drugog čoveka. Umesto onoga što je odlazio pronađen je i angažovan drugi, i sledećeg dana je ovaj novi sluga trebalo da dođe i otpočne vršenje svoje dužnosti, ali veče uoči toga dana, tetka je preko kućepazitelja dobila koverat, upućen na njeno ime. Rukopis je bio nepoznat i od

---

[1] Po biblijskom predanju car Darije bacio je Danila u rov lavovima. Anđeo je zaštitio Danila i ovaj je ostao nepovređen, nakon čega je car naredio da svi drhte od straha pred „bogom Danilovim" (*Knjiga proroka Danila*, gl. 6, str 12–26).

onih neiskićenih, kakvim u Rusiji pišu samouki pismeni ljudi; u koverti je bilo pismo, pisano uredno, na čistom papiru, ali istim samoukim rukopisom i sadržalo je, koliko se sećam, od reči do reči sledeće: „Vaše visoko blagorodstvo Olga Petrovna! Vaša gospođa sestra unajmili su slugu (naveo je ime), ali ovaj koji je unajmljen lakomislen je čovek, i zbog toga nepouzdan za ono što mu se poverava, o čemu se usuđujem da vas iz predostrožnosti izvestim". Potpis: „vratar Paun Pevunov". Tetka je pokazala ovo pismo majci i ona je odlučila da posluša upozorenje, koje je dao Paun, i unajmljenom lakomislenom slugi je poslat otkaz, a *maman*, idući u svoju uobičajenu šetnju i susrevši u dvorištu Pauna, zahvalila mu se na dobronamernosti. Čudak je skinuo svoj šešir sa širitima i odgovorio *maman* nemim ali učtivim naklonom. Uveče je *maman*, sedeći i pijući čaj, rekla tetka Olgi:

– Ali, ipak, nama je opet potreban sluga. Gospodin Paun nam je jednog ocrnio, a gde da tražimo boljeg – nije otkrio.

– To i nije njegova stvar! – odgovori tetka.

– Znam; ali... on bi, naravno, mogao da nam preporuči nekog, ukoliko bi želeo.

– A zar si ga ti pitala?

– Ne; pa on, čini se, sa mnom i ne želi da razgovara – bacio je pogled u najmanju ruku sa važnošću ministra i oprostio se. Drugo bi bilo – našali se ona – kada bi ga ti za to zamolila: zbog tebe će nam on, verovatno, smatrajući to visokom za sebe čašću, učiniti tu uslugu.

Tetka je primila ovu šalu sa kao i uvek njoj svojstvenom veselošću i takođe šaleći se odgovorila:

– Dobro, ja ću ga zamoliti.

Sutradan je tetka, idući nekuda predveče, zajedno sa mnom navratila u vratarsku sobu, gde je Paun kao i obično sedeo sam u svojoj fotelji i ispred zelene lampe čitao knjigu.

Videvši tetku, odmah je stavio knjigu na sto, učtivo se poklonio i, ispravivši se kolko god je visok, zauzeo pozu Getea.

Tetka mu je iznela molbu. Paun je namrštio obrve, razmislio malo i odgovorio:

– Sada nema slugu koji se ozbiljno odnose prema svom poslu.

– Dakle vi baš ne možete nikoga da nam preporučite?

– Ne usuđujem se, gospođo, jer nikog takvog ne mogu da naslutim.

Mi smo otišli praznih ruku, a kada smo se vratili kući, *maman* se dobro našalila s tetkom da moć ove nad Paunom nije od koristi i da je on ipak neotesan samotnjak; ali tetka ga je i tada branila, govoreći da i u ovom odbijanju ona vidi samo novi dokaz njegove ozbiljnosti i razboritosti: on je oprezan, govorila je ona, zato što je „ozbiljan čovek". A kada bi on znao nekoga, za koga bi mogao da garantuje, on bi ga, naravno, neizostavno preporučio.

I tetka nije pogrešila: sledećeg jutra pred samo njeno ustajanje opet se pojavilo kratko pismo u kome ju je Paun lapidarnim stilom molio da priček dan-dva sa unajmljivanjem sluge, jer je on dobio neke vesti o izvesnom „ozbiljnom, nekadašnjem spahijskom slugi, koji je služio kod istih gospodara kao i on."

Ovde su se ispoljila prava osećanja *maman* prema Paunu: ona je prestala o njemu da govori kao o grubijanu i veoma se obradovala što može da ima slugu iste škole kao on, i dala pristanak da čeka čoveka koga je Paun preporučio makar i ceo mesec. Ali to uopšte nije bilo potrebno, jer se očekivana osoba pojavila već sutradan i odmah je uzeta i stupila u službu skromnog lakeja našeg skromnog doma.

Čovek koga je doveo Pavlin bio je nešto stariji od njega i mnogo od njega prostodušniji i bolji. On je čak bio pravi dobričina i bio je veselog i otvorenog karaktera i neobično krotak i savestan, zbog čega je odmah zaslužio naše opšte poverenje i naklonost, iako mu je u tome, naravno, mnogo pomogla i preporuka Pauna, koji nam je na ovaj način učinio prvu uslugu.

Uskoro je on učinio i drugu: spremali smo se da odemo na leto u selo i bili smo tužni što treba da ostavimo našeg omiljenog slugu uz stan, i šta je bilo? Nismo stigli o tome ni da porazgovaramo kod kuće uz večernji čaj, kada ujutru opet tetki stiže pismena poruka: Paun, opet istim lapidarnim stilom, izveštava da mi uopšte ne moramo nikoga da ostavljamo preko leta u svom stanu, jer on, Paun, „sam dovoljno može da pripazi na njega bez ikakvih poteškoća". Bilo je veoma primamljivo prihvatiti ovu pomoć; to nam je izvrsno sređivalo sve naše poslove, i jedino pitanje je bilo kako nagraditi Pauna za njegovo nadgledanje stana? Da razmotri ovo pitanje određen je bio naš sluga, ali od njega je dobijen u vezi sa ovim kategoričan protest.

– Paun Petrovič je častoljubiv čovek – reče on – on to čini iz poštovanja, i novcem se može strašno uvrediti.

Tako je i ostalo: ni *maman*, ni tetka Olga nikako nisu mogle da smisle čime da se zahvale „našem dobrom Paunu".

Pauna su kod nas počeli da zovu „dobrim". Tako se njegov ugled u našim očima menjao u predvečerje nastupajućeg razdoblja, u kom mu je predstojalo da se okuša u borbi osećanja, koja mu, po svemu sudeći, uopšte nisu svojstvena.

V

Mi smo otputovali i vratili se, našavši svoj stan, u kome se nije boravilo za sve vreme našeg odsustva, u izuzetnom redu, a u drugom stanu preko puta nas pojavili su se novi stanari. To je bila mlada dama sa veoma starom majkom i šestogodišnjom ćerkom, veoma lepom devojčicom. Mi, naravno, sa ovim novim susedima nismo ništa imali, ali *maman* i tetka su nehotice obratile pažnju na jednu izuzetnu neobičnost porodičnih crta sva tri lica naših novih susetki: sve tri su bile u različitim životnim dobima, ali kod svih na licima – u lepoti koja je venula, cvetala i tek pupila – bila je kao rasklopljena nekakva nasledna tuga i sudbinska predoređenost za nesreću.

Tetka Olga se najpre pobrinula da dozna da li su one siromašne – i s radošću se smirila jer ta porodica ima hranitelja: ispostavilo se da mlada dama ima muža, koji služi kao lekar u puku, i da oni žive ne oskudevajući. Tetka se prekrstila i rekla: „Hvala bogu". Ovo „hvala bogu" odnosilo se i na naše susetke i na samu tetku, koja je prve noći nakon našeg povratka u grad videla u snu kako je kod naših susetki kao došao Paun sa svojim razapinjačima, i kao da su kroz njihove prozore sve izbacivali u dvorište, i u tom trenutku iz dvorišta je krenuo mrtvački sanduk, na tom sanduku sedela je ta lepa devojčica sa rasklopljenom tugom na licu i crtama sudbinske nesreće, a iza ove povorke pojavio se Paun u svojoj šarenoj livreji sa ukrašenom ešarpom i u šeširu. U jednoj ruci kao da je imao svoju sjajnu palicu i baklju, a u drugoj – sopstvenu odreranu glavu, a oko njega iz zemlje izranjale su nekakve bledoružičaste ptice: one su brzo uzletale, uz nepodnošljiv fijuk krilima, a odatle, sa visine, sa ovih krila padala su bela perca i približavajući se zemlji pretvarala se u dogoreli pepeo. Trenutak – i od svog šarenila Paunove odeće nije ostalo ni traga, a on je stajao sav crn, kao nagoreli panj, i imao je opet glavu, ali nekakvu tako strašnu glavu da se tetka užasnula, kriknula, i probudila – ali se probudila s uverenjem da je videla proročanski san, koji ne može da prođe bez posledica.

Tetka nije pogrešila: njen san se obistinio, i neospornog Pauna je čekalo teško i sudbonosno iskušenje.

Sve je počelo time, što smo, probudivši se jednog veoma hladnog bogojavljenskog jutra, ugledali u stanu naših novih suseda tri izvađena prozora. Mati i tetka su odmah shvatile da je to delo našeg „dobrog" Pauna, i teško su uzdahnule. Napolju je, kako sam vam rekao, bila ciča zima, i nije bilo teško zamisliti šta su sada morale da trpe zlosrećne žene, čiji je stan dobri Paun usred zime stavio u letnje uslove. Nema sumnje da su one bile primorane da se koče u svojim sobama bez prozora. *Maman* se sa njoj svojstvenom razdražljivošću strašno razbesnela; nekoliko puta je nazvala „dobrog" Pauna dželatom, ćiftom i razbojnikom i poslala devojku da zamoli susetke da joj učine ljubaznost da se smeste na neko vreme u jednu našu sobu, koja je istog trena bila spremljena za doček. Ali devojka se vratila sa odgovorom da sama gospođa susetka nije kod kuće – da je ona nekud otišla, a starica majka se zahvaljuje na brizi, ali kategorički odbija da prihvati majčin predlog. Otkaz je starica obrazložila time što čeka ćerku i sigurna je da će se ova uskoro vratiti sa parama, tada ćemo veli platiti, i sve će opet biti u redu. *Maman* je ponovo poslala drugog izaslanika da moli da puste kod nas makar malu devojčicu, kojoj je zbog izvađenih ramova pretila opasnost da se prehladi. Ovo poslanstvo je bilo uspešnije: kao da sada gledam kako nam dovode šestogodišnju devojčicu predivnog lica, ali kao obeleženog nekakvim pečatom tuge. Ima takvih lica, zaista ima: u najmanju ruku sreo sam ih ne jednom. Naša mala gošća, po svoj prilici, nije jasno razumevala težak položaj svoje porodice, i oslobodivši se svilenog vatiranog kaputa, u kome su je doveli u naše predsoblje, obratila je pažnju na to da uđe sa određenom gracioznošću i da napravi reverans[1], što je u potpunosti i uspela. Videlo se da su se o njenom lepom vaspitanju i manirima brinuli – uostalom, tada deca, koja ne umeju da uđu i da se poklone, još nisu ulazila u modu – frebelovske[2] majke još nismo imali.

Dok smo mi grejali devojčicu, koja se zvala Ljuba, njena majka, čijeg se imena sada ne sećam, vratila se kući. Naši su videli kako je ova mlada dama prošla u svoj stan, ali, na naše najveće iznenađenje, ona nije žurila da iz stana dotrči ili pošalje po ćerku, niti su za njom, kao što se dešavalo u sličnim slučajevim, ukoliko je zaostali dug bio uteran, nosili izvađene ramove... Sve su to bili loši znaci. Nije teško bilo pogoditi da se naša jadna susetka vratila bez novaca: majka i tetka Olga odmah su to shvatile, i ova druga, nima-

---

[1] Naklon sa savijanjem noge u kolenu.
[2] Fridrih Frebel (1782–1852) je istaknuti nemački pedagog, koji je naročitu pažnju poklanjao predškolskom vaspitanju, tvorac „dečijih vrtića". U leto 1871 g. Frebelovsko društvo je osnovano u Peterburgu. Odnos Ljeskova prema ovom, tada eksperimentalnom pedagoškom pravcu, bio je negativan, i, po svemu sudeći, pisac je sa skepsom primio misli Frebela, iznete u nizu njegovih dela (*Pokloni, Materinske pesme*) o ogromnoj ulozi majke u prvobitnom vaspitanju deteta.

ne oklevajući, pojurila je u razoren stan, a već za en vratila se nazad, škljocnula ključićem svoje kuti-, i ponovo odjurila k susetkama. Nakon deset minu- dvorištem se približavala poznata procesija: kuće- azitelji, ramovi, čekići, klešta, ekseri i limeni ćup sa itom, a iza svega toga šareni Paun, sa svojim platnim ɔiskom, od koga me i do dan danas hvata jeza. Bilo ՝ jasno da je dobra tetka Olga našla potreban novac i a su ga naše susetke uzele i platile za svoj stan, koji ՝ odmah bio doveden u red i grejao se. Ali pošto su ՝ sobe, ostavši nekoliko sati bez prozora, jako ras- ladile, *maman* i tetka ne samo da nisu pustile kući ıalu Ljubu, već su primamile na ceo dan i njenu maj- u. Zvali su i Ljubinu baku, starica se učtivo zahvali- ւ, ali nipošto nije htela da pođe i ostala je kod kuće. jubina majka je, pak, sedela kod nas sve do ponoći i, orko plačući, ispričala da njen muž radi kao lekar u ՝dnom od ruskih pukova, koji su se nalazili tada u /Iađarskoj, da nikakvo imanje nisu ni imali niti ima- ւ; ali da su oni živeli ne oskudevajući sve dok muž ni- ՝ pošao sa pukom u pohod. Na početku im je on slao redstva za izdržavanje, ali odjednom je dva meseca aćutao, i o njemu nemaju ni traga ni glasa.

– Bog zna – govorila je, ridajući, dama – možda... ıjega više nema među živima, ili je u zarobljeništvu, li se sa njim desilo nešto još gore – i onda... moje adno dete... moje jadno dete, šta će s njim biti?

Ona je pogledala Ljubu, koju sam ja zabavljao, tavivši je u fotelju i klečeći pred njom, i odjednom e brzo okrenula i, zatvorivši oči rukama, rekla u ne- :akvom zanosu:

– Tamno je, tamno: ja ne mogu da gledam u tu ta- nu.

I ona je odjednom zadrhtala, pojurila prema dete- :u i, stisnuvši ga na svoje grudi, obamrla.

Tetka Ogla je znala više: ona je znala da hranioca ovih sirotica nema više među živima: njega je ili pogodio mađarski metak, ili ga je dotukla groznica. I baka je to znala i rekla je to tetka Olgi da bi joj ona pomogla da kaže kobnu vest jadnoj udovici i našla joj se pri ruci da bi mogla da primi sav užas svog bespomoćnog položaja.

Tetka je, verovatno, nekako ispunila ovaj tužan zadatak, mada ne znam kako je i kada to uradila, jer moja osetljiva i razdražljiva *maman* nakon ovog dana nipošto nije želela da ostane u našem stanu, i mi smo uskoro zaista uspeli da se preselimo u drugu kuću, gde nije bilo ni Pauna, ni surovog reda, koji je on sa takvom okrutnošću održavao.

VI

Maman je kao i mnoge osetljive žene najviše od svega izbegavala prizore nemilosrđa koje ju je ozlojeđivalo i nastojala je da *ih ne viđa*: ali tetka Olgini živci su bili jači i ona se nije bojala da stane licem u lice sa tugom, i zbog toga ona ni ovde nije ostavila naše nesrećne susetke i posećivala ih je iz svog novog stana. Tetkina prefinjena delikatnost verovatno joj nije dozvoljavala da ih pita: da li imaju čime da plate za sledeći mesec koji je dolazio, ali je ona pažljivo motrila i vrebala kako će im proći kobni dan narednog plaćanja. Sećam se kako je zabrinuto i sa kakvom je saosećajnom uznemirenošću čuvala u svom sećanju taj dan, plašeći se da ne preračuna, i dočekavši ga, kada je nastupio, rano ujutru je odjurila u kuću, u kojoj su naše jadne susetke ostale u Paunovoj vlasti. Otrčavši u dvorište, prvo je pogledala u njihove prozore... ramovi su bili na svom mestu... Tetka se smirila. Prošao je još jedan mesec – i tetka Olga je ponovo isto tako vrebala utvrđeni dan i opet sa novcem u džepu odjurila do starih suseda, i opet je sve našla u potpunom redu i miru, kakav je mogao da bude u njihovom teškom položaju. U najmanju ruku stan je bio topao, iako je, očigledno, postepeno postajao sve prazniji. Trećeg meseca je ovim jadnim stanarima umrla stara baka... Kolale su čudne glasine: govorilo se da se ona tobože otrovala fosfornim šibicama i da je ovo učinila pri punoj svesti i znajući šta radi: ona je rastopila fosfor, ne u vodi, niti u alkoholu, kao što to čini većina koja se na ovaj način truje, već u ulju, u kome se fosfor potpuno rastvara. Govorilo se da se otrovala s jedinim ciljem da ne opterećuje sobom svoju jadnu kćer, koja nije želela da je napusti i živela je u bedi, dajući jeftine časove, dok je sama sa devojčicom mogla da stupi negde u službu kao razredna nadzornica ili guvernanta. Baka je htela da odreši svojoj ćerki ruke, i odrešila ih je sa začuđujućim spokojstvom. Da li su istinita ili ne bila sva ta govorkanja o trovanju – ja svakako ne znam; staricu su, međutim, sahranili bez ikakvih neprijatnosti sa policijom, a njena procena se pokazala netačnom: iako je ona odrešila kćerki ruke, kćerka nije dobila željeno mesto – već je, naprotiv, jureći na svoje jeftine časove, sasvim narušila svoje poljuljano zdravlje, posle čega je samo mala prehlada bila dovoljna da se kod nje razvije teška bolest, koja je za manje od mesec dana odvela ovu jadnu ženu u grob.

Ona je umirala ne ostavljajući kćerki ništa: ni ime, ni dobre ljude, čak ni moja dobra tetka Olga nije bila tada u gradu, jer je u to vreme putovala u drugi grad kod rodbine i vratila se na veoma ružan dan, kada su se po prljavom snegu u rano februarsko jutro na Volkovo groblje vukla uboga mrtvačka kola sa kovčegom, kod čijeg je uzglavlja tu, na samim mrtvačkim kolima, sedela uplakana Ljuba, a iza mrtvačkih kola je išao... Paun... Jednom reči, sve u dlaku onako kako je tetka Olga videla nekada u snu. Paun je bio gologlav, odeven za ovu tužnu priliku u sivi šinjel, postavljen starim vučjim krznom. Tetka Olgu je veoma potresao ovaj događaj, i porazgovaravši sa *maman*, odlučila je da uzme kod nas siroticu Ljubu, dok ne uspeju negde da je zbrinu; ali sve ovo se pokazalo izlišnim: Ljuba je već bila zbrinuta i, verovatno, ne lošije od onoga kako bismo mi mogli da je zbrinemo sa našim veoma ograničenim sredstvima i bez ikakvih iole uticajnih i značajnih veza. Krivac za ovo staranje o osiroteloj devojčici bio je onaj isti Paun, koji ju je dva meseca pre toga zajedno s majkom i bakom izlagao mrazu.

Kada je tetka Olga, završivši razgovor sa *maman*, došla u Paunovu vratarsku sobu da bi saznala od njega gde je Ljuba, nije ga našla u njegovoj uobičajenoj fotelji. Ovo je bilo maltene prvo Paunovo kršenje svojih dužnosti od trenutka kada je u toj kući obukao šarenu livreju i uzeo u ruke sjajnu palicu.

Raspitavši se za vratara kod prvog ko je naišao, tetka je saznala da se on već vratio sa groblja kući i da je tamo u svoju sobu odneo na rukama devojčicu.

Tetka je, ne oklevajući mnogo, pošla u neprikosnoven Paunov apartman i otvorila vrata. Pred njom se ukazala veoma mala soba, sa malim divanom, na kome je sedela Ljuba, koja je plakala, a ispred nje je klečao Paun i menjao detetovu pokvašenu obuću.

Dok je tetka ulazila on je ustao i, učtivo joj se poklonivši, rekao:

– Gospođo, verovatno ste izvoleli da dođete u vezi gospođice?

– Da – odgovori tetka.

– Izvoleli biste da ih uzmete?
– Da.
– Kako hoćete.

Devojčicu je htela kod tetke, i mi smo je uzeli, ali naveče tog istog dana pojavio se kod nas Paun i zamolio da se tetki prenese da je došao da porazgovara o sirotici.

Paun je pozvan u salon, gde je pred njega izašla tetka. Oni su govorili oko pola sata, nakon čega je Paun otišao, a tetka se vratila kod *maman* oduševljena Paunovim umom i čvrstinom karaktera.

Došavši kod tetke, Paun joj je objasnio da želi da uzme Ljubu pod starateljstvo, ali ne insistira na ovome ukoliko devojčica može bolje da se zbrine. A da bi dao tetki mogućnost da proceni njegova sredstva i pouzdanost, zaključio je da je potrebno da joj ispriča svoju prošlost i izloži svoj sadašnji položaj i planove u vezi sa Ljubom. Prema njegovim rečima, on je bio kmet, obučen muzici, ali je nije voleo, i od svirača je postao sobar, zatim se skupo otkupio na slobodu sam, svojom jedinom dušom, ali je posle radom i marljivošću sakupio za svoj položaj dosta veliku sumu, otkupio na slobodu svoju staricu majku, sestru i zeta i iznajmio za njih na velikom tulskom drumu dobro svratište. Zatim se, smatrajući se dužnim da pomaže domaćinstvo ovih rođaka, sam nije ženio i živeo je za rodbinu; ali pre mesec dana dobio je vest da su svi njegovi rođeni jedan za drugim poumirali od kolere. Ostavši sada potpuno sam i smatrajući da mu je vreme za ženidbu već prošlo, Paun je izrazio želju da ostatak svojih dana posveti sirotoj Ljubi, koje mu je, zbog njenog položaja, bilo veoma žao.

Moju tetku je tako dirnula ova plemenita pobuda, da je ona pružila Paunu ruku i ponudila ga da sedne da bi joj on podrobno izložio svoj plan, u vezi sa

Ljubom, koji želi da sledi. Tetka je bila ubeđena da ozbiljni Paun, odlučujući se da uzme dete pod svoje, neizostavno ima jasne namere, koje planira da ispuni, i nije pogrešila. Paun je zaista imao plan, i to veoma ozbiljan, lako ostvariv, koji je potpuno odgovarao njegovom solidnom i čvrstom karakteru. On se pripremio ne samo da uzme devojčicu i da je othrani, već je isplanirao ceo put, kojim treba da se uključi u život i da čvrsto stane na noge. Uz to, on je otkrio u svom karakteru neke crte, koje do tada nisu bile primetne, naime: otvorenost, skromnost i prezir prema taštim težnjama čoveka ka visinama. Paun je birao sirotici, možda, veoma skromnu sudbinu: on je rekao tetki da namerava da Ljubu dâ u školu kod jedne veoma dobre dame, koju poznaje, gde će devojčica oko četiri godine da uči potrebne, po njegovom mišljenju, nauke, to jest čitanje, pisanje, veronauku i aritmetiku, kao i „istorijska znanja", a zatim će da je dâ da nauči ručni rad, a sam će za to vreme dok ona ne završi i ovu poslednju nauku da sakupi za nju novac, otvori radnju i zatim da je uda za poštenog čoveka, „koji može da je bude dostojan. Ovako – govorio je on – računam, biće mnogo ispravnije, jer na blagorodnost, ako se sudbina posreći, uvek može vrlo lako da se navikne, ali najvažnije za čoveka je da može u sebe da se pouzda".

Tetki se, koja je i sama bila uvek veoma razumna i jednostavna, ovaj jednostavan i zgodan plan vaspitanja baš neobično dopao, ali Paunov plan nije bio sasvim po volji *maman*: ona je smatrala da niko nema prava da na takav način „upropasti budućnost jednog siročeta, uprkos onome na šta je ona po svom poreklu imala prava". Oko ovog *maman* i tetka nikako nisu mogle da slože, i one bi se, verovatno, dugo raspravljale da se u to nije umešao slučaj i rešio sve po vome: zdravlje *maman* zahtevalo je promenu klime i na je morala da otputuje na godinu dana daleko iz 'eterburga kod svog brata; mene su dali u pansionat Peterburgu, a moja dobra tetka je otputovala na dru-ju stranu i uredila svoj život na poseban način: stupi-a je u jedan zabačen ženski manastir na obali Dnje-ra iza Kijeva[1]. Sirotica Ljuba je tako milom ili silom norala da bude poverena isključivom staranju Pauno-'om, čija težnja da zbrine to dete i sredstva da to ura-li su, pored toga, verovatno daleko prevazilazili na-e. Osim toga, i moralne garancije, koje je Paun dao etki opraštajući se od nje, veoma su je umirivale u)ogledu Ljubine sudbine. Paun je protumačio sebe etki nešto nalik ovome:

– Ja znam, gospođo – reče on – da me smatraju :lim čovekom, a to je sve zbog toga što ja mislim da vaki čovek treba pre svega da izvršava svoju du-:nost. Ja nisam tvrda srca, već sam iz prakse za-:ljučio da je svako za svoju nesreću sam mnogo kriv, l gledanje kroz prste, na to, ljude još više navodi. Ne reba pomagati čoveku pokazivanjem slabosti prema jemu jer od toga čovek postaje još slabiji, već mu reba pomoći da stane na noge i da se o sebi ozbiljno :tara, da bi mogao sam sebe od nemilosrdnih ljudi da 'uva.

I tako su *maman* i tetka, oplakavši je, ostavili _jubu Paunu da po svojoj volji stvara od nje ženu bez ;labosti i sposobnu da sama sebe čuva, a ispostavilo ;e da je ona – ta mala devojčica – od Pauna napravi-a ono, što taj snažni čovek teško da je pomislio da će)ostati.

---

[1] Verovatno, Ržiščevski manastir, u kome se nalazila ses-ra pisca, Natalija Semjonovna (monaško ime Genadija).

VII

Vreme je prolazilo: Paun je vaspitavao Ljubu upravo onako kako je obećao mojoj tetki u njihovom prvom razgovoru o toj sirotici. Dok sam ja provodio poslednje godine u gimnazijskom pansionatu, Ljuba je učila u kućnoj školi kod jedne dame, kojoj je Paun plaćao za školovanje i izdržavanje svoje pitomice sa njemu svojstvenom tačnošću. Ovde Ljuba, naravno, nije stekla velika znanja, ali je, i pored toga, ipak naučila mnogo više nego što je Paun smatrao da je za nju potrebno i korisno. Zauzet svojim poslovima, ja sam zapravo sasvim zaboravio na Ljubu, ali, videvši je slučajno na ulici ubrzo nakon što sam stupio na univerzitet, odmah sam je se setio i veoma sam joj se obradovao. Imao sam tada osamnaest godina, a Ljuba je bila u četrnaestoj. Ona se prolepšavala i obećavala da će postati veoma lepa devojka, oblikovala joj se veoma skladna i izuzetno graciozna, kao minjon figurica; glavica joj je bila obavijena gustom, zanosnom kao zlato sjajnom kosom veoma prijatne boje, a uz to – bile su crne obrve i duge tamne trepavice, ispod kojih su gledala dva tamnoplava oka. Ja sam bio tako zadivljen njenom lepotom da, i protiv svoje volje, nisam to mogao da sakrijem, i mi smo se oboje zbunili jedno pred drugim i rastali smo se ne uspevši da se ispričamo. Zatim smo se za godinu dana ponovo sreli u crkvi za vreme jutarnje službe, na kojoj je ona, još više se prolepšavši, stajala ispred Pauna, koji ju je gledao, kako mi se tada činilo, sa najdubljom nežnošću. Vreme od osam godina uticalo je na Pauna, ali ga nije nimalo načelo: on je tek počeo da sedi i ugojio se, ali je i pored toga sjajno izgledao za svojih pedeset godina. Na njegovom prazničnom odelu nije se uočavala nikakva razlika; Ljuba je, pak, bila odevena kromno, ali veoma uredno i ponašala se kao gospođica – Paun je u iznošenom smeđem kaputu izgledao kao njen ujak. On je, kako sam vam rekao, stajao iza Ljube i držao preko ruke njen ogrtač i pletenu, vunenu maramu, koju je ona skinula, jer je u crkvi bilo prilično toplo. Toplo je bilo svima, ali se činilo da je Ljubi bilo izuzetno sparno i mučno: ona je crvenela kao bulka, i izgledala mi je uznemireno i rasejano. I to je bilo još primetnije, ova očigledna napetost njenog stanja pojačavala se kako se služba bližila kraju. Meni se činilo da u ovoj uznemirenosti ima udela moje neočekivano pojavljivanje pred Ljubom, jer ona, videvši me i očigledno me prepoznavši, nije prestajala da me posmatra svojim velikim zenicama ispod gustih i dugih tamnih trepavica. Ono što je usledilo uverilo me je da nisam pogrešio; kada sam nakon završetka večernje službe prišao Ljubi, kojoj je Paun u tom trenutku dodavao njen kaput, njena uznemirenost dostigla je vrhunac: s mukom mi je klimnula glavom i, žurno se oblačeći, sve vreme je ruku gurala mimo rukava, dok se na spuštenim trepavicama njenih oborenih očiju svetlucala velika krupna suza – ne suza od ganutosti, blagorodna, već razdražljiva i jetka. Ljuba je, nesumnjivo, patila zbog toga što sam je ja video sa *lakejem*, ali ne u toj situaciji u kojoj bi lakej mogao da prija ljudskoj sujeti. Paun nije ničim dao do znanja da to primećuje, ali ja sam bio siguran da je on sve to video i shvatao; međutim, on se, po svemu sudeći, nije zbunjivao, već je radio svoj posao, kao i uvek tačno i pedantno, to jest u ovom slučaju obukao je Ljubu i doterao sve što je obukla, sa pažnjom pravog sluge; a Ljubi se, izgledalo je, ni to nije dopadalo: ona je, kako se kaže, bila *golubijeg ponašanja* – klonila ga se, kao mali golub vrane, koja je uz njega pristala.

U meni su se pokrenula stara sećanja: setio sam se poštovanja, koje je moja dobra tetka izražavala prema ovom okrutnom zaštitniku svake na sebe preuzete dužnosti – i meni je bilo neugodno zbog Ljube: ja sam istovremeno dao desnu ruku njoj, a levu Paunu i, kako sam mogao, ljubazno mu rekao:

– Veoma mi je drago što vas vidim, Pavline Petroviču – oprostite što vam dajem levu ruku, ali ona je od desne bliže srcu.

On je stisnuo moju ruku veoma čvrsto, i meni se učinilo da mu se u očima čak zasvetlela suza, ali ne onakva, kao kod Ljube. Ovo nije promaklo Ljubinoj pažnji i njene oborene oči se podigoše: ona se zaista obradovala što svi troje kao da smo postali jednaki, i ozarila se. Paun je po spoljašnjosti opet bio onaj isti, ali je postojalo nešto, što se i u njemu odrazilo kao tiho, uzdržano zadovoljstvo.

– Ljubov Andrejevna, gospodine – obrati se on meni, izlazeći iz crkve – kako su se promenili... porasli – postali su potpuno drugačiji od onoga kako su ranije izgledali.

– Da, porasla je i .. – hteo sam da kažem da se prolepšala, ali sam zaključio da to ne treba da joj se govori, i dodao da sam je jedva prepoznao.

– Svakako – odgovori Paun – sećate se... pa oni su tada bili... pravo dete... A sada imaju već petnaest godina.

Ja sam se veoma neumesno začudio da je već deseta godina otkako je Ljuba ostala sirota. Na ovome se i završilo; ali sledeće nedelje opet sam se video sa Ljubom i Paunom u toj istoj crkvi, i ti susreti su bili sve češći i češći dok jednom, konačno, nisam video Pauna u crkvi bez Ljube i upitao ga: šta to znači?

– Oni ... Ljubica, nisu zdravi, gospodine – odgovori vratar, koji je Ljubu u njenom prisustvu nazivao jedino kao Ljubov Andrejevnu.

Upitao sam: šta se to sa njom dogodilo?

Paun se zamislio i raširio ruke, a zatim preko volje rekao:

– Verovatno nešto od uobraženja.

– Zar je – kažem ja – Ljuba preterano uplašena?

– Ne, gospodine, ukoliko vi mislite uplašena za zdravlje, to ne, gospodine; oni za to uopšte nisu uplašeni, čak naprotiv... ne bave se sobom; nego... tako... u karakteru ona ima nešto... takvo.

Sa tim smo se rastali i posle se dugo nismo videli, ali iznenada, sasvim neočekivano jedne jesenje večeri dolazi kod mene Paun i zabrinuta izraza saopštava da se Ljuba razbolela.

– Došla je – govori – prošle subote kod mene uveče na trenutak i odjednom je zanemoćala i sve je uplašila. Ana Lavovna su svog doktora slali; i čak su sami dolazili i mladi gospodin... ali sada joj je bolje: malo je spavala i, probudivši se, govori: „Kako bih želela nešto da čujem o mojoj mami". Budite ljubazni, izvolite k njoj da posedite. Ona se vas setila – i primećujem da bi želela o detinjstvu svom da porazgovara, jer ste vi njenu majku videli. Vi joj time, bolesnoj, veliko zadovoljstvo možete da pružite.

Ja sam ustao i pošao.

– Samo, znate, ako ona bude mnogo pitala, ne govorite joj sve – šapnu Paun, uvodeći me na nepovrediva vrata svoje vratarske sobice.

Ova soba, koju sam sada video prvi put, bila je veoma mala, ali izuzetno uredna i ugodna; na prvi pogled me je podsetila na lepu kutijicu u kojoj leži lepa saksonska lutka: ova lutka bila je petnaestogodišnja Ljuba.

VIII

Paun je ostavio ovde Ljubu i mene same, a sam je otišao da se pobrine za čaj. Ljuba je sedela u fotelji, sa nogama stavljenim na klupicu i umotanim u staro ali veoma čisto ćebe. Pozdravio sam je izražavajući zadovoljstvo što se oporavlja i seo za stočić preko puta nje.

Ona mi ništa nije odgovorila već je uzdahnula i napravila grimasu, koju sam shvatio kao izraz nekog bolnog osećaja, ali to je bila greška: Ljuba je svojom grimasom želela da pokaže da je nezadovoljna i neutešna.

– Uopšte mi nije drago što mi je bolje – obrati mi se najzad, napućivši usne.

– Nije vam drago! Zar vam se dopada da budete bolesni? – odgovorio sam, trudeći se da razgovoru dam šaljiv ton; ali Ljuba se još više namršti i reče:

– Ne, ne da budem bolesna već da u...

– „U..“? – odgovorih pokušavajući da sve okrenem na šalu. – Vama je još rano da u...

– Ja sam veoma nesrećna – prošaputa bolesnica, i suze linuše potocima niz oba obraza.

Ja sam pokušavao da je umirim uobičajenim utehama poput toga da je ceo život još pred njom i da će proći težak period, da će doći i bolji, ali ona mi je odmahnula rukom i nestrpljivo rekla:

– Nikada meni ništa bolje neće biti.

– Zašto?

– Tako... meni je to rođenjem zapisano.

Pogledao sam je i nisam znao šta da joj odgovorim: u njenim rečima nije zvučalo trenutno raspoloženje izazvano bolešću, već zaista nešto sudbinsko, i u celom njenom biću bilo je nešto veoma snažno, felno[1]. Njeno mlado lišće podsećalo me je na lica ene bake i majke. Razgovor nam se prekinuo i stao. Ljuba me nije ispitivala o svojoj prošlosti, kao što je čekivao Paun, već je ćutala i ljutila se. Na šta? Očiedno na svoj položaj. Pa koga je ona za njega krivi? Proviđenje koje tako udesilo?.. Ne; ona je, izgleda, imala na umu drugog krivca – i ovaj krivac, kako meni učinilo, bio je verovatno Paun. Sumnjičavost e je navela na pomisao da je, verovatno, među njima kratko pre toga bila nekakva scena, zbog koje se Paun uzrujao i, pošto nije želeo da uznemirava Ljubu svojim prisustvom, a u isto vreme mu je bilo žao da ostavi samu, pozvao me je kod nje sâm, bez ikakve jene želje. Ista ta, možda, ne sasvim osnovana sumjičavost navela me je na pomisao da je Paun sa Ljubom navukao sebi nevolju. Ljuba mi je izgledala ao devojčica preterano osetljiva, pretenciozna i sujetna, a ja sam već i tada znao da sa ovakvim stvorenjima ozbiljan čovek teško može da se složi. Meni e činilo da sva Ljubina patnja, najvećim delom potiče od toga što ona živi u vratarskoj sobi, a ne na visokom parteru i što mora da bude zahvalna *lakeju*, a ne njegovoj gospodarici... I eto, došavši da sažaljevam Ljubu, nehotice sam počeo da žalim Pauna. On se, izgledalo je, već povlačio pred njom i sada je osećao da je on rođeni lakej, a ona, koja za sve ima njemu da zahvali, ipak je rođena gospođica, u kojoj ga snaga navike primorava da prepozna biće koje ga nečim nadmašuje. Ljuba je takođe, nesumnjivo, primećivala tu nadmoć nad svojim vaspitačem, ali ona nije imala u sebi velikodušnosti da bi bila skromna i zahvalna. Raspričavši se sa mnom, ona je najradije pričala jedino o tome da su kod nje danas i juče bili sama Ana

---

[1] Od lat. feralis, što znači tragičan, koban.

Lavovna i njen stariji sin Voljdemar, koji tek što je tada bio proizveden u konjičkog zastavnika u jednom od kicoških gardijskih konjičkih pukova. Natmurena i ćutljiva, Ljuba se sa izuzetnim zadovoljstvom nadugo i naširoko raspričala o njihovoj poseti i o tome da su oni „govorili sa njom na francuskom, jer nisu želeli da Paun razume njihov razgovor", i pri tome je Ljuba pažljivo razgledala i mirisala flašicu sa mirisnim sirćetom, koju joj je ostavila stara generalica. Nakon ovog razgovora bio sam potpuno ubeđen da bi za izlečenje Ljube jedino bilo potrebno prebaciti je, kao mačku, s jednog na drugo mesto, to jest preneti je iz vratarske sobe na visoki parter – i ono što je uskoro usledilo pokazalo mi je da nisam pogrešio.

Pošto je ozdravila i bila u poseti kod generalice na visokom parteru, mlađana Ljuba našla je utehu u tome da bar nekoliko sati dnevno ne odlazi odatle. U radionicu, u koju ju je dao Paun, sada joj je bilo tako teško da ide, da bi se pri samoj pomisli na to ponovo razbolela. Paun nije znao šta sa njom da radi: on je neprekidno samo jadikovao, govoreći:

– Eto, eto šta su ljudi!.. Hm... drugarice... napričale su joj, znate, kako je ona plemenita roda. Sada joj se ne ide! A šta je to plemićstvo? – Gluposti.

Da primora Ljubu, natera je, prisili da ide u radionicu... za ovo je nesalomiva volja Pavlina bila nemoćna. Da je uzme sebi i drži u svom sobičku takođe je smatrao neprijatnim i nepristojnim, jer je soba bila tesna, a Ljuba je bila već skoro sasvim odrasla devojka. Jednom rečju, stvar je kretala potpuno drugačijim pravcem od onog kojim ju je Paun usmeravao – i šta vi mislite: kako je uspeo da sav taj nesklad uskladi? Garantujem da nećete pogoditi!.. Paun se nakon godinu dana oženio tom šesnaestogodišnjom Ljubom, tom šupljoglavom i nadmenom devojčicom, oja ga je prezirala svom bespoštednošću svoje izvetačenosti – i vi bi bili nepravični, ukoliko bi i na trenutak pomislili da je Paun Ljubu na to neposredno ili posredno nečim prisiljavao. Nimalo nije: mlada devojka je sama to poželela. A kako joj je to palo na pamet – o tome ću vam sada ispričati.

IX

Kako se ponekad ljudi žene i udaju? Dobri poznavaoci tvrde da je malo verovatno da se u nečem drugom ljudska lakomislenost češće ispoljava do tih krajnjih granica kao u sklapanju bračnih veza. Govore da najrazumniji ljudi kupuju sebi cipele sa daleko više pažnje nego što biraju životnog druga. I zaista: nije retka pojava da u ovom izboru vodeću ulogu ima ništa drugo do slepi, podrugljivi slučaj. Tako je bilo i kod Pauna i Ljube.

Ljuba samo nije želela da ide u radnju, u kojoj je neka devojčica bila gruba prema njoj, i zbog toga se „golubije ponašala" i, privijajući se pod krilo Ane Lavovne, žalila se i tugovala što opet treba da ide tamo, gde su ljudi tako neobrazovani i grubi da ne umeju da cene preimućstvo njenog porekla, već, naprotiv, kao da joj se zbog toga svete.

– Pa naravno da ti se oni svete – odgovarala je, gledajući Ljubu, Ana Lavovna.

One su obe u to vreme sedele i radile pored karsel mlečne lampe[1] u prijatnom kabinetu.

– I šta taj Paun hoće još da naučiš? Ne shvatam to! – nastavi Ana Lavovna, bacivši pogled na Ljubin rad – po meni ti si već sada izvrsna majstorica.

---

[1] starinska lampa, sa specijalnim mehanizmom, nazvana po njenom izumitelju.

– *On* hoće da mi otvori radnju...
– *On*... Dozvoli mi da ti kažem, da je taj tvoj *on* – grozan, šareni pajac. Zašto da ti on otvara radnju?
– Pa šta da radi sa mnom?
– Šta da radi?.. Vrlo jednostavno; ne shvatam: zašto se on tobom ne ženi?
Devojčica je oborila glavu i nije ništa odgovorila. Ona tada još gotovo da i nije mislila o udaji, ali u svakom slučaju uopšte joj nije izgledala kao nešto što bi želela sa Paunom. Generalica je videla da misao koju je izrekla uopšte nije padala Ljubi na pamet, ali je videla i to da je, ipak, ne plaši i, očigledno, prilično dobro joj se sleže u glavi.
– Da, zaista – nastavljala je generalica – ti misliš da je lako biti modiskinja, lagati svakoj rugobi: „To je lepo! To vam pristaje!" i ugađati svakom kapricu i klečati pred svakom na kolenima i uzimati meru?.. Međutim, ti se udaj... to je mnogo bolje. Naročito za njega, za Pauna; tada se mi nikada ne bismo rastajali: ti bi kod nas gostima nalivala čaj i kafu, ja bih ti nešto platila, za garderobu: a uveče bismo sedele i zajedno radile, čekale bi da dođe Volođa i ispriča nam šta se gde događa. Volođa veoma voli da razgovara sa tobom, i ti ćeš uvek biti kao domaća u našoj kući.
Ljuba je, crveneći, ćutala, i na trepavicama su počele da joj svetlucaju suze, a generalica je nastavljala:
– Inače pomisli, šta ako se ti, otvorivši radnju, nekada i udaš makar i za mladog čoveka, ali za nekog neobrazovanog, možda, zanatliju bar ili čak činovnika – ništa pak od toga bolje biti neće. Samo ćeš se u toj sredini zaglibiti. A za nekog drugog, višeg, teško da ćeš se udati jer ti nisi u takvoj poziciji.
– Ja to znam – izgovori Ljuba, gutajući suze.
– Baš dobro kad si ti takva pametnica! A Paun je, uprkos svemu, iako stariji, ali čovek retkih principa,

n te ni u čemu neće ograničavati: ja ga znam više od
vadeset godina i uvek je on pošten, uvek razuman,
vek na svom mestu, i pored svega toga, mada je ne
erujem u to što ljudi naklapaju, navodno je on stekao
od mene pristojan novac, ali on je čovek veoma ču-
aran, i nekakve parice sigurno ima u rezervi. Pa ne-
a on na tebe tu rezervicu i spiska. Da, draga moja,
a! I ti si toga dostojna. I to će, naravno, tako sve i bi-
, jer šta može da mu bude prijatnije nego da doteru-
ȩ veoma mladu i tako lepu ženu? Dede veruj mi da
u ljudi njegovih godina daleko pouzdaniji od raznih
etropira kao što je taj slikar, koji dolazi da napravi
ɩoj portret i stalno baca pogled na tebe.

Ljuba je naglo pocrvenela: ona je prvi put čula da
ȩ zagledaju muškarci – i još pri tom je to čula od ta-
:ve ozbiljne žene, kao što je generalica, kojoj je mla-
la devojčica stremila kao travka suncu. Njoj je bilo
ɩrijatno što se Ana Lavovna tako brine za nju, i Ljuba
e uzrujala i, bacivši rad sa kolena, poletela na njene
;rudi i zaplakala, zapinjući u govoru:

– Zauzmite se za mene, ja ću vas u svemu slušati.

Ana Lavovna je odgovorila nežnošću na njenu ne-
:nost i nastavljala je da je poučava i nagovara i naj-
:ad zaključila:

– Ja se samo jednog bojim: možda Paun u stvari
ebi izgleda malo star?

Ljuba je ćutala.

– Možda ti neizostavno želiš mladog muža?

– Ah, ja ništa o tome ne govorim – prekinu je
_juba.

– E baš lepo, ako ti to ne govoriš, onda neka da
)og dobar čas.

Devojčica se uplašila što je sve bilo tako brzo
završeno, i, crveneći, požurila da kaže da se ona ni za
koga neće udati; ali Ana Lavovna joj otpeva stih iz

"Crvenog sarafana"[1], da "neće uvek kao ptičica u polju pevati i kao zlatokrili leptir da lepršati", i prasnuvši u smeh, podiže rukom njeno lice i upita:
— A da ti nećeš u manastir?
— Meni je svejedno — šapatom odgovori Ljuba.
— Ooo, lažeš; nisu tvoje okice za manastir. Ne, ti ćeš tamo sve zbunjivati: muškarci, umesto da se bogu mole, tebe će gledati.
Devojčica prsnu u smeh.
— A ti evo šta ... šalu na stranu, ti razmisli, za šta da se odlučiš: ja sam ti to odavno htela da kažem i sada ovako ozbiljno govorim jer vidim da si ti nas veoma zavolela...
— Ja vas jako, jako volim! — potvrdi Ljuba, obasuvši poljupcima generaličine ruke.
— Da, i ja shvatam da ti, pošto si provela sa nama neko vreme, u radionicu kod tih svojih švalja nikako ne možeš da ideš...
— Nikako ne mogu! Radije ću da se utopim.
— Ja to sve shvatam; potpuno sve shvatam, ali ne znam zašto bi se utopila: to je greh. Paunu ne služi na čast, što je on tako pametan čovek, a šalje te tamo, gde ti slušaš sve te nehrišćanske misli: ja sam mu već o tome govorila.
— Vi ste mu govorili *o tome?*
— Da, ja sam mu govorila, i on to isto razume i slaže se sa mnom, ali ti proceni: šta sa tobom da radi? Doista, pa teško je za tebe nešto smisliti: tako si va-

---

[1] "Crveni sarafan" je romansa N. G. Ciganova (1797–1831) na muziku A. E. Varlamova. Ana Lavovna veoma izobličuje tekst. Kod Ciganova je:

Nećeš večito kao ptičica
Zvonko da pevaš
kao leptir lakih krila
po cvetovima da lepršaš.

spitana da ne možeš da budeš guvernanta, jer malo znaš; za dadilju još nisi pogodna jer si veoma mlada; a da te u švalje ili sobarice da – to će mu biti jako teško... On se o tebi ipak brinuo... Zar ne?

Devojčica nehotice izusti tiho: „Da".

– Pa, eto vidiš – nastavljala je generalica – ja bih te, možda, sama uzela da živiš kod mene...

Ljuba se baci pred nju na kolena i uskliknu:

– Ah, uzmite me! uzmite! Radi boga uzmite!

– Ali kakva će biti tvoja uloga kod mene?

– Svejedno: samo da sam kod vas...

– Pa i Paun to neće hteti, on će svakako smatrati da to nije dobro i neće hteti; pored toga ja imam odraslog sina, muškarca. Uzmimo da je on meni dobar mlad čovek i da te veoma voli, ali ipak si ti sada već punoletna devojka, i to ne ide. A ako se udaš za Pauna... tada se sve to veoma lepo usklađuje.

Devojka je ćutala, a Ana Lavovna je nastavljala:

– Evo mog saveta: poslušaj me i udaj se za Pauna, i živećeš veoma spokojno; a svoje vreme ćeš provoditi kod nas: ja sam stara i meni će svi oprostiti tu slabost što sam te sebi približila.

Ljuba je opet ćutala.

– No, pa šta je, treba govoriti, a ne ćutati: da bude tako ili ne?

Devojka opet poljubi meku, punačku ruku svoje pokroviteljice i prošaputa:

– Vi znate bolje, šta mi treba: ja se sa svim slažem.

Tako je odmah pripremljena ova nesreća za Pauna i Ljubu, u koju je Paun zaista bio jako zaljubljen, samo nije smeo o njoj da razmišlja. Kada je pak generalica to sve za njega smislila i bez okolišanja otvorila pred njim vrata raja, njemu se zavrtelo u glavi, zaboravio je sve razumne razloge koji su ga sprečavali da mašta o Ljubi.

Ja se kao danas sećam posete, kojom mi je ukazao počast, pozivajući da budem Ljubin dever. Paun nije mogao da se prepozna; sedeo je kod mene oko sat vremena i neprestano je za to vreme sebi davao razne komplimente, što mu se ranije nikada nije dešavalo. Pomisao da ga voli mlada devojka, očigledno mu je do te mere zavrtela glavu i razvezala jezik da je postao nesnosno brbljiv i čak hvalisav, ali, naravno, na potpuno svoj način. On je i u ovom nastupu brbljivosti sve vreme bio kao na dužnosti.

– Ja sam prost čovek – govorio je – ali ja sam veoma načitan čovek, i ja, izvolite videti, nisam pre vremena upropastio sebe. Zar ja odavno već nisam mogao da se oženim, gospodine? Itekako sam mogao, gospodine, i mnoge žene su mi pokazivale takve namere, ali ja sam imao takvu dužnost da to ne uradim. Jednostavnije rečeno: ja zbog svojih to nisam uradio. Glupi ljudi su govorili da će moji biti nezahvalni rođaci, a ja ću pod starost ostati sam. Pa šta, ja se nikada na to nisam obazirao: rođacima sam pomagao ne zbog zahvalnosti, već sam svoju dužnost izvršavao; ja ni Ljubov Andrejevnu nisam vaspitavao ni zbog kakve zahvalnosti i ne zbog nekakvih namera, a ispalo je eto, da sam sreću i druga u njima dobio. Potrebno je sve uvek raditi onako kako valja, a sve će samo već sigurno ispasti tako kako treba, na pravu korist.

Ovaj opšti zaključak me je izuzetno zainteresovao, i ja sam sa najvećom pažnjom slušao kako Paun sve podvodi pod ovo pravilo: ispadalo je da je on i prozore stanara vadio za dobrobit čovečanstva, u tom pogledu što *ona*, to jest Ana Lavovna, ne zna za saosećanje i trebalo bi da na svetu niko ne računa na saosećajne ljude, jer ih ima malo, pa i u njima se može prevariti, i „tada će biti gore. A strogost je bolja: uz nju se svako o sebi više brine i, plašeći se zlih ljudi, dobija za sebe u svemu najbolje."

I, posle ovoga, manje od dve nedelje nakon ovog razgovora, Paun je postao muž svoje pitomice Ljube, a uskoro i veoma veliki paćenik njenom milošću i milošću drugih, koji se nisu sažalili ni na njegove zasluge, ni na njegovu sedu glavu ni vrednosti njegovog izvanrednog, čvrstog i poštenog karaktera.

X

Ne znam da li sam dovoljno opisao na početku svoje priče generalicu Anu Lavovnu? Verovatno nisam, i stoga ću sada još jedanput da se osvrnem na to i ukratko kažem da je to bila žena ne samo hladna, koristoljubiva i surova, već skoro najsuroviji i najproračunatiji egoista na svetu, u stanju da ne ustukne ni pred čim radi svoje najbeznačajnije koristi. Ona je uvek bila spremna da sa nepomućenim spokojstvom žrtvuje radi svojih najsitnijih interesa i sreću i sam život svog bližnjeg. To isto radila je i sada, spojivši starijeg Pauna sponama braka sa mladom Ljubom. Ana Lavovna je znala da Ljuba ne može da voli Pauna i nije grešila: ni ogromna razlika u godinama koja je ležala među supružnicima, ni strogost Paunovog karaktera, ni njegova spoljašnja okrutnost – ništa nije davalo nade da će se Ljuba pre ili kasnije navići na svog muža i početi da oseća prema njemu nešto drugo osim straha i odvratnosti – ne toliko kao prema starcu, koliko kao prema lakeju... Iako je u samoj generalici Ani Lavovnoj odavno iščezla svaka strast, ona je ipak bila žena i znala je da će u ovakvom braku, koji je ona organizovala za Pauna i Ljubu, kod ove druge sigurno biti mnogo gorkih trenutaka ako ne neobuzdane, onda tihe, ali čemerne tuge; a od tuge će se razviti sanjarenje, sanjarenje stvara bujnu maštu, a bujna mašta šta sve neće nacrtati i nadograditi? Ana Lavovna je znala da će u mladoj glavi sa bujnom maštom neizostavno uskoro krenuti i poređenja – i pošto baš nikakav život ne može da izdrži poređenje sa raspaljenom maštom, mašta će nadjačati i ... Ljuba će se zaneti i obreće se u rukama Ane Lavovne. Vi nemojte, molim vas, da pomislite da sam vam omaškom rekao da je generalici navodno bilo potrebno da Ljuba padne *u njene ruke*. Ne, njoj je zaista to bilo potrebno. Da bih uskoro svoju priču priveo kraju, reći ću vam otvoreno da je Ana Lavovna, spojivši Pauna i Ljubu, zapodenula veoma surovu igru sa njima, koju je smislila i planirala nadahnuta najuzvišenijim osećanjima, i to *materinskim*.

Služeći u konjičkom puku, Volodička je Anu Lavovnu koštao skupo i rizično se ponašao. Ana Lavovna je želela da ga malo skrasi kod kuće, a kako on može da se skrasi kada ga vuče i levo i desno. Da ga ženi bilo je rano; iako se hvalisao naklonošću svetskih dama, zapravo ni u čemu sličnom nikada nije imao nikakvog uspeha; inostrane dame, od onih „morskih",[1] i u to vreme su tako skupo koštale svoje obožavatelje, da je generalica strepela od svake glasine o zbližavanju Volodičke sa ovim krvopijama – a međutim Volodička je tvrdio da on, kao ruski gospodičić sa izvesnim manirima, neizostavno mora da živi kao svi „pristojni ljudi"; a da bi tako živeo – on je, naravno, želeo da stekne pokroviteljska prava na neku ženu, koja ne bi bila gora od drugih za veselim stolom u bilo kom od „morskih" restorana. Generalica je

---

[1] Radi se o takozvanim damama polusveta. Raskošni restorani, koje su one posećivale, nalazili su se u Velikoj Morskoj ulici (odatle „morske").

i sama shvatala da je to pravom svetskom kavaleristi[1] potrebno i nije to osporavala; ali to je i tada, kao i sada, bilo đavolski skupo i eto... dobra majka, nakon dugih noćnih premišljanja i prosuđivanja, došla je na pomisao, da protiv svega toga tu pri ruci ima najuniverzalnije sredstvo, a to sredstvo je Ljuba. Ljuba je mlada, lepa i zavodljiva – i ukoliko bi se malo *razvila*, ona bi veoma, veoma mogla da posluži Dodi kao dama za izlaske; a da će joj Doda zavrteti glavu – zar se u to može posumnjati?

On je, po majčinom mišljenju, bio lep – i mada ga je ona smatrala „budalom u službi", ali on ima tako lep mundir, ume da odabere sebi muzičku pratnju i peva romanse poput pesme od koje se tada vrtelo ženama u glavi, o „odvažnom gostu svratišta":

– Kako lep je, zar ne, mati,
Gost naš hrabri!
Zlatom vezen mundir sav,
A obrazi gore kao žar,
Bože moj! bože moj!
Ah, kada bi bio moj!

Ana Lavovna je znala, da je te oskudne draži, kakve je posedovao njena „budala u službi", bilo mnogo, i previše za lakomislenu ženu, koja ima sedamnaest godina i muža starca, koga se stidi... Izgledalo je da se igra ne može izgubiti, i počelo je nameštanje i deljenje karata.

Najpre su, da bi Ljubin socijalni položaj načinili višim, napravili šalu: svi su je u kući zvali „Švajcarkinja[2] Ljuba". To je veoma lepo zvučalo i uspešno maskiralo njen brak sa lakejom. Svi mladi ljudi, koji

---
[1] Vojnik koji služi u konjici.
[2] Igra reči; u ruskom jeziku 'швейцарка' znači Švajcarkinja, a 'швейцарша' – vratareva žena. – *Prim. prev.*

su se muvali u kući Ane Lavovne, u Ljubi nisu videli mladu ženu naduvenog vratara[1] Pauna, već nešto sasvim posebno, koje stoji potpuno nezavisno od bilo koga... i privlačno.

Počelo je udvaranje Ljubi – umereno i u početku pristojno, ali stalno, uporno i nametljivo. Udvarali su joj se svi Dodini prijatelji bez izuzetka. Ljubi se nije dopadao niko od njih: ona je bila zadovoljna svima, koje je videla u kući Ane Lavovne, ali, kao što su u stara vremena pesnici govorili, njeno srce još nikoga nije izabralo, i Paun je bio srećan. Srećan zbog čega? Zar ga je Ljuba tako volela i činila srećnim? Ne; Ljuba je bila ona ista: ona ga se samo brižljivo klonila i provodila je sve vreme kod Ane Lavovne radeći ili nalivajući kafu i čaj, ali Paun ju je neizmerno voleo i nije želeo ništa osim njene sreće. Za njenu sreću bilo je potrebno da ne bude sa njim – on je i ovo prihvatao sa zadovoljstvom. Pogođen strašću, Paun je potpuno, kako se kaže, oslepeo i postao tašt: njegov urođeni demokratizam se istopio, kao sneg, i on sam iako se nije stideo svoje šarene livreje, ali, očigledno je želeo da se Ljuba što više uzdigne. Ljuba, koja je poznavala francuski jezik od detinjstva i koji je još više naučila u školi, a zatim se konačno navežbala kod Ane Lavovne, radovala je svog muža time što je mogla da se drži kao prava gospođica, kao prava strankinja – jednom rečju, Švajcarkinja u svakom pogledu. Kod Pauna, koji sve to kao da je sam želeo, u isto vreme se razvila naročita, veoma čudna snebivljivost, koju je osećao pred Ljubinim kapricima. Jadni starac se, izgleda, stalno ustručavao zbog toga što je ona rođena gospođica a on lakej. Njemu, verovatno, nikada ni na pamet nije padalo da će on tako da je voli i tako da se od nje ustručava, kao što je to ispalo. On se pro-

---

[1] Vratar na ruskom – „švejcar". – *Prim. prev.*

tiv toga nimalo nije bunio ni uzbuđivao: naprotiv, njemu se čak dopadalo da služi Ljubu i u svemu joj povlađuje. On ju je doterivao kao lutku, doterivao ju je upravo tako da ne liči na vratarevu ženu, već na pravu Švajcarkinju[1]. To je znatno praznilo vreću sa njegovom brižljivo čuvanom, ali, naravno, manje-više veoma malom ušteđevinom; ali on je sve to trpeo bez pogovora i štedeo na sebi i svemu onome u čemu je mogao da troškove zameni ličnim radom. Tako, oženivši se, iako svoje službene dužnosti nije slabije izvršavao, on nije više imao tako mnogo vremena za čitanje romana, jer, tek što bi Ljuba, ustavši i preobukavši se, odlazila gore kod Ane Lavovne, Paun bi sređivao svoju sobu, pregledao ženinu garderobu i najzad počinjao da je doteruje. Ljuba je gore radila za Anu Lavovnu razne *broderie anglaise*[2], a Paun je, zaključavši se u svojoj čistoj sobici, čistio ženine čizmice, prišivao vuneni saten koji se sa njih oparao, pričvršćivao dugmad i kopčice i grejao u maloj okrugloj peći mašice za plisiranje i pegle, a kada bi se one zagrejale – vadio iza ormana dasku za peglanje, prekrivao je čistim platnom i počinjao da pegla i plisira njene rukaviće, suknje i plastrone. Počevši da radi ove stvari zbog štednje, Paun je uskoro u peglanju i plisiranju postigao potrebno savršenstvo, ali ušteda od svega toga bila je ništavna u poređenju sa ogromnim troškovima, koje je zahtevalo Ljibino kicošenje i Paunova strast da je raduje lepom odećom, za koju ga Ljuba nikada nije pitala, ali kojom je zaljubljeni starac sâm želeo da je zabavlja i da joj udovoljava.

Uz ovakvo tetošenje i brigu Ljubi nije bilo teško da za sve posetioce kuće Ane Lavovne ostane na gla-

---

[1] Videti prim. 2 na str. 54. – *Prim. prev.*
[2] engleske vezove (franc.)

su interesantne „švajcarkinje" – strankinje, za koju se zanimati kao za lepu, zavodljivu ženicu nimalo nije bilo neprilično: sa njom su razgovarali, smejali se, šalili se i uopšte obraćali joj se kao sebi ravnoj. Neko od drugova generaličinog sina, sa osrednjim talentom za ljupko crtanje olovkom ženskih glavica, stalno je skicirao u svim albumima laku plavokosu glavicu Švajcarkinje Ljube. Ova glava mu je izuzetno išla od ruke, i mladi su prekidajući jedan drugog, tražili od autora ove prijatne crteže. Ove skice, išavši od ruke do ruke *jeunes dorés*[1], donosile su Ljubi prilično veliku popularnost. Ljuba, koja sama za to nije znala i uopšte o tome nije vodila računa, postala je neka vrsta magneta za mnogobrojne mlade ljude, koji su želeli da vide original slikarske kopije. Na taj način Ljuba je imala sve više i više obožavalaca: za njom su trčali, koliko je to bilo zgodno, i generalica je to videla i dopuštala. Što se tiče Pauna, on je prema svojoj mladoj ženi pokazivao toliku toleranciju, koju nećete sresti kod mnogih koji dižu galamu o nezavisnosti osećanja i ravnopravnosti polova u pogledu slobode. Paun se, pak, u to vreme prepustio nekoj vrsti taštine: on *se pravio mlađim* i u tu svrhu je negde nabavio, po njegovim rečima, retku knjigu[2] iz koje je iščitavao važne stvari. Tako mi je, na primer, jednom pričao da se potpuno „uverio u svoje principe koji se tiču obaveza čoveka, koji će, ukoliko bude živeo u skladu sa moralnim dužnostima, proživeti na svetu najmanje sto godina". Na svojih pedeset godina Pavel je na osnovu ove knjige gledao samo kao na *punoletstvo* i prema ovoj istoj knjizi tvrdio da „umiru pre stote go-

---

[1] zlatne omladine (franc.)
[2] Moguće je da se radi o delu H. V. Hufelanda (1762–1836) *Nauka koja otkriva načine za postizanje dugovečnosti* (M., 1803), koje je kasnije izašlo pod nazivom *Makrobiotika, ili Umetnost produžavanja ljudskog života.*

dine samo glupaci, a boluju nitkovi, koji ne razumeju praksu života". Što se njega tiče, on je, dakako, bi duboko ubeđen da je on tu „praksu" potpuno usvojio.

– Ja – govorio je on – nikada nisam bio bolestan i ne znam čemu bolest: živi kao što treba; ne pij vina, ni kafu, ne čađavi grudi duvanom – i nećeš se razboleti; spavaj bez jastuka, pravo – i nećeš se povijati; a ako jedeš slanije i piješ kiselije, umrećeš – nećeš istruliti.

Iz ovih Paunovih priča doznao sam tajnu njegove svakodnevne higijene i pomislio: zar tako nešto može da se dopada mladoj i živahnoj Ljubi?

On se nimalo nije ljutio što Ljuba gotovo ne živi u njegovoj vratarskoj samici, u kojoj su se sa ženidbom Pauna pojavile nove zavese, cveće i kanarinci. On čak nije bio ni ljubomoran kada bi mladići, koji su izlazili od Ane Lavovne, uzimajući iz njegovih ruku svoje šinjele, nesmotreno obasipali ne baš čednim pohvalama lepotu „Švajcarkinje". Paun je za vreme ovog hvaljenja samo ćutao i smeškao se u svoje guste svetloplave brkove.

Budući da razuman i razložan, ali uvek strog prema sebi i pošten, Paun nije bio sposoban ni za kakvu neiskrenost i izdjastvo, on ih nije očekivao ni kod drugih, i zbog toga je, imajući čist i svetao um, bio potpuno slep. Posmatrajući njega, mogla se proveriti sva istinitost reči Bekona Verulamskog[1] o ljudima, koji usled svog prevashodno filozofskog usmerenja, postaju sove, koje vide samo u mraku svojih zaključaka i bivaju slepi na svetlosti delanja, i naročito su nesposobni da vide ono što je najjasnije i najočevidnije. Pošto su „sinovi mira ovog mudriji od sinova

---

[1] F. Bekon (1561–1626) – veliki engleski filozof – materijalista. Verovatno, Ljeskov aludira na Bekonovo razmišljanje o *idolima pećine* (*Novi Organon*, I, aforizmi XLII, LIII–LVIII).

sveta u rodu svojem" i pošto je Paun bio sin sveta i sluga dužnosti, sinovi mira su ga nadmudirili i pokrali...

Ljuba je bila konačno okrenuta od muža i potom, naravno, zavedena na krivi put i sama obmanuta. Kako se to desilo – neću vam pričati, jer tome nisam prisustvovao i ni od koga nisam čuo pojedinosti o tome, pa, najzad, zar za nas nije svejedno kako se to dogodilo. Dosta je to, što je onaj koji je imao stado ovaca uprkos tome ovu uzeo i odveo od onoga koji je imao jednu ovcu.

XI

Vama, pretpostavljam, nema potrebe da se kaže ko je bio vinovnik Ljubine zaljubljenosti? Nije teško pogoditi da je lavovski deo nje, i pored toga što su joj se svi udvarali, morao da pripadne Dodi, kome su u tome naročito išle na ruku sve okolnosti u kući. Ljuba je sa njim provodila noći i dane pod istim krovom i... nije se toliko zaljubila u njega koliko se predala i popustila pred njegovom upornošću. Videla je da je on spreman da joj se sveti, kvareći njoj drago raspoloženje Ane Lavovne; videla je da kada se on mršti i duri na nju, to rastužuje njenu dobrotvorku, i ona plače i pati... Ljuba nije znala kako drugačije da postupi i obrisala joj je suze. Doda je bio lakomislen mladić, on je rasipao novac, kada ga je bilo, a kada ga nije bilo, nabavljao ga je na trostruku menicu, i pored svega toga nije imao damu, koja bi bila smatrana njegovom ljubimicom na večerama. Ljuba mu se učinila zgodnom za ovu ulogu i on ju je za to odredio i doveo. Za ovo izlaženje doterao ju je i obukao sam Paun svojim sopstvenim rukama (on mi je o tome kasnije pričao u jednom veoma tužnom trenutku svog života).

To se ovako dogodilo: napolju je bila zima; u gradu su se održavali balovi i maskarade, i Ana Lavovna, želeći da pruži jadnoj Ljubi malo zadovoljstva, spremila ju je za jedan od kostimiranih balova u dvorani za plemstvo. O ovom izlasku Pavlinu je rečeno skoro mesec dana ranije, a u toku tog meseca u kući je bilo mnogo posla oko Ljubinog kostima. U ovom poslu učestvovali su svi, počevši od same Ane Lavovne do Pauna, koji je, nasuprot običaju, stalno bio odvlačen od službe i jurio sa ceduljicama čas u jednu, čas u drugu radnju po sitnice, koje su bile potrebne za čarobni Ljubin kostim. Samu izradu kostima, koja je zahtevala naročito umetničko rasuđivanje, predvodio je kao glavni umetnik prijatelj i drug Dode, koji je crtao tako uspešne Ljubine portrete olovkom. Sve je to, naravno, mlade ljude zbližavalo do najprisnijeg prijateljstva i potpuno je u Ljubinoj glavici bacalo u zasenak starog muža lakeja. Najzad je kostim bio gotov i uspeo je da ne može biti bolje. Paun je video ženu, koja je silazila odozgo niz stepenice u pratnji rođake Ane Lavovne i kavaljera, koji su pazili Ljubu, a među kojima su bili glavni slikar i Doda.

Ljuba je bila odevena kao *Zora*: na njoj je bila laka prozračna haljina od gaze u bojama koje su se prelivale. Donji deo te široke haljine, pune nabora bio je taman kao noć, ali naviše se tama postepeno proređivala, postajala lakša i prelazila mekim nijansama u druge, lakše i svetlije boje, a od pojasa naviše postajala je već tako prozračna i laka, da Ljubina figura kao da je iznemogla i iščezavala, poput oblaka, i usred ovog iščezavanja blistala je svetla Ljubina glavica, ukrašena vencem od ljiljana i crvene ruže; a iza njenih ramena prozračna krila od voska prelivala su se u hiljadu boja, u rukama joj je bila zlatna baklja, obavijena svetlo plavim nezaboravkom i makom punog cveta. San i buđenja, tamna pritajenost strasti i njihova jarka razbuktalost – sve je bilo oličeno u Ljubi odgovarajućim predmetima, i Paun ju je takvu posadio u kočije, a četiri sata kasnije ju je uzeo iz istih tih kočija potpuno drugačiju: voštana krila su se istopila i poderala, haljina je bila poderana, baklja raspadnuta i ogaravljena...

Ljuba, sretavši muža, nije mu rekla ni reči: nije htela ni da pipne pečenu kokošku i voćni žele koji joj je on spremio, i, strgavši sa sebe haljinu, bacila se u postelju, okrenula prema zidu i, ne pomerajući se, preležala u ovom položaju ostatak noći i ceo sledeći dan. Paun je čuvao njen dugi san, ali ga je čuvao bez potrebe: Ljuba nije spavala, već je u početku dugo plakala a zatim ležala crvenog, zažarenog lica i suvih, otvorenih očiju, uperenih u jednu tačku.

Svaki čovek koji koliko-toliko ume da zapaža, pogledavši tu ženu, bez sumnje bi rekao da je igrala na veliki ulog, i to je bila istina. Ljuba je poželela da nešto sa tim u vezi otkrije Paunu, ali se predomislila i, dočekavši veče, obukla se i pošla da se žali na Dodu Ani Lavovnoj. Međutim, žalba se tako ružno sklapala u njenoj glavi, da je ona i od ovog odustala i zadovoljila se time što se požalila na Dodu njemu samom i ... sklopila mir poljupcem. Ali ljubav i posedovanje Ljube nije bilo sve, što je bilo potrebno Dodi: muškarcu takvih osobina, kao što je Dodička, u odnosu sa ženom najvažnije od svega je da se razmeće ljubavnicom, pokazuje je i hvališe se njom pred drugima, što Dodička, naravno, nije propustio da uradi. Sanke, na kojima je bila Ljubina čestitost, stuštile su se nizbrdo. Jednom zaopočeti izlasci i zabave pod maskama počeli su da se ponavljaju. Kada je Paun, dremajući kasno uveče u svojoj fotelji, očekivao zakasnele stanovnike glavnog ulaza ili legao bez jastuka na tvrdu klupu iza stubova, on nije ni slutio da se za to vreme njegova žena ni malo ne dosađuje sa Anom Lavovnom, već leti u crnom dominu po jako osvetljenim maskaradnim dvoranama pod ruku sa zlatnom omladinom, a u vreme kada se budio i slao ženi gore na generalicinu polovinu pozdrav u mislima, nežna Ljuba, sa glavicom ošamućenom isparenjima od šampanjca, silazi nesigurnim koricama niz stepenice francuskog restorana, a zatim juri u trojci koja tandrče od praporaca, žudno gutajući zažarenim ustima sveži vazduh i veselo pevajući šansone svom saputniku, koji ju je pritiskao na svoje grudi ispod toplog šinjela.

Sve se to dugo krišom odvijalo. Peterburg nije provincija, tu nailazite samo na onog ko sam želi da bude viđen. Sve sama prolazna vrata, koja su uživala takav ugled kod Gogoljevog Osipa[1], imaju, kao što je poznato, takav efekat u peterburškom životu da sa njima ne može da se propadne, i Ljuba je ovo kroz iskustvo otkrila. Uskoro, napustivši svaku stidljivost i zaboravivši da u sebi pati zbog toga što sramoti muževljevu sedu kosu, ona je još brže prestala da se brine o tome kako da od njega sakriva svoje ponašanje. Okolnosti su se tako dobro namestile da se činilo da obmanjivačica nikada nije imala čega da se plaši. Stara generalica je tako rano odlazila u svoju sobu i tako je čvrsto zaključavala za sobom vrata od male kapele, u kojoj je Ljuba spavala na divanu, presvučenom

---

[1] Reč je o sledećem mestu iz Osipovog monologa: „Ako ti dosadi da ideš pešice – uzmeš fijaker i zavališ se kao spahija; a ako ti se neće da mu platiš – ne moraš, svaka kuća ima izlaz skroz, na drugu ulicu, i šmugneš tako da te ni đavo ne može naći." (*Revizor*, 2. čin, 1. pojava).

mekim ćilimom, da ovoj nije predstavljalo nikakvu teškoću da ustane, obuče se u svoje najbolje haljine, koje su se milošću te iste generalice nalazile u ormanima njene garderobe. Ana Lavovna je ili čvrsto spavala, ili je bila tako zauzeta svojim računima, da nikada nije čula ove pripreme. Štaviše, bila je tako prostodušna, da ih čak nikada iznenada nije omela ni kod odlaska ni kod dolaska. Ljuba i Dodička su silazili sporednim stepeništem, izlazili na ulicu na zadnja vrata, kraj kojih ih je iza ugla čekao odvažni fijakerista ili obesna trojka – i njihov trag se ledio ili gubio u prašini. Onda je majčica-noć sve lako sakrivala, a zatim su se ujutro oni vraćali istim putem, jedan u svoj kabinet, druga u sobu sa ikonama, gde je mogla, ukoliko je želela, da malo otplače ispred slabo osvetljenih, strogih, tamnih likova porodičnih ikona. Ali da li je Ljuba plakala ispred njih zbog svog niskog pada? Po svoj prilici, malo joj se plakalo na početku, ali je zato mnogo plakala na kraju svog jarkog blistanja u polusvetu[1]. Polusvet!.. ove malo pristojne, ali veoma privlačne sredine, doticali su se, veoma, mnogi pisci svih obrazovanih zemalja sveta, koje nisu mogle da budu bez svog polusveta, ali teško da negde postoji potpuni, celoviti opis, koji bi prikazivao fiziologiju njenog čudovišno privlačnog života. Kod nas ona nije uopšte predstavljena nijednom iole živom i snažnom slikom.[2]

---

[1] Na ruskom jeziku reč „polusvet" ima dva značenja: prvo – polumrak, polutama; drugo – polusvet, tj. društvo sumnjivog morala. – *Prim. prev.*

[2] Ljeskov nije u pravu. Još 1840–1850 g. običaje peterburškog polusveta talentovano je prikazao u pripovetkama i mnogobrojnim ogledima I. I. Panajev. Možda ove reči Ljeskova polemički aludiraju na roman F. M. Dostojevskog, *Idiot*.

XII

U polumraku[1] strasti kipte i rasplamsavaju se često mnogo jače nego na svetlosti, i naša Švajcarkinja se strastveno predala svom novom životu i igrala je značajnu ulogu u svojoj sredini. U početku ju je Dodička nasilu uveo u krug „morske plovidbe" – ona je tako zazirala od toga i snebivala se da je jedva pristala na to tek posle Dodinih zaklinjanja da je to neophodno za njegovu dragocenu karijeru. Ona je volela tog lakomislenog čoveka... i shvatala da mu za njegov *renommee*[2] nedostaje žena, kojom bi mogao da se šepuri, kao što se sličnim ženama šepure drugi, i Ljuba je pošla putem nadmetanja u polusvetu. A zatim se uskoro tu umešalo i samoljublje: Ljuba je shvatila da Doda strepi i nije siguran da li će moći da se pokaže sa njom, bez straha da će ona biti gora od drugih, to jest da će ispasti bojažljivija i neveštija, da njen govor neće biti skladniji, duhovitiji, zanimljiviji, već dosadniji od poznatih te vrste *Irène, Jacljueline, Fadette* i *Lisette*[3]. Nimalo lišena uma i pronciljivosti, Ljuba je primetila ovu uvredljivu nesigurnost, u njoj se probudio ponos sujetne lepotice, i ona je odlučila da po svaku cenu bude prva među tim ostacima, u koje se spuštala, i sve što je tada povređenog ponosa sebi obećala – sve je u potpunosti i ispunila. Dodička nije morao da crveni zbog Ljube: ona je odmah ušla u svoju ulogu i igrala ju je tako savršeno, da su najpunokrvnije morske lavice francuskog porekla morale da priznaju potpuni uspeh *madame Paulin*. I došlo je doba i čas kada je ovim čuvenim imenom bila pro-

---

[1] Na ruskom „u polusvetu" – igra reči; v. prim. 1 na strani 63. – *Prim. prev.*
[2] reputaciju, glas
[3] Irena, Žaklina, Fadeta i Lizeta

niknuta čitava atmosfera, koja je okruživala poznate krugove zlatne omladine. O *madame Paulin* govorilo se na „sunčanoj strani", u parterima pozorišta, u bifeima restorana i ulazima, gde su se sretali poznati amikošoni[1]. Ovo slatko ime je, možda, često dopiralo do ušiju samog Pauna: ali šta se njega to ticalo? On nije znao šta ono znači.

U to vreme Ljubin uspeh je jačao, njena tamna slava je rasla; ona ne samo da je zauzela potpuno istaknuto mesto, već je čak dominirala i vladala u polusvetu: provesti veče sa *madame Paulin* bilo je najviše *comme il ne faut pas*[2], provozati je na na svojoj trojci – bila je sreća, večerati sa njom en deux[3] – takvo blaženstvo, radi koga mnogi ne bi požalili velike svote, ali Ljuba je bila nepotkupljivo blago: ona je volela Dodu i time ga potpuno zbunila. On se tako uobrazio da nije mogao da odredi sebi cenu, i umislio da za svaku ženu od njega nema dragocenijeg. Tome je doprinela zavist i pakost prema Ljubi njenih suparniica iz polusveta: umišljenog Dodičku prepredeno su prigrlile i uljuljkale u prepredenim zagrljajima, a zatim sve to iznele na videlo. Ljuba je bila ubodena u samo srce i počela je da se sveti ravnodušnošću. A u to vreme, dok je ona igrala tu igru, Dodički su istresali xepove, i istresali tako nemilosrdno i vešto da on nije stigao ni da se okrene a zapao je u najzamršenije dugove. Tu je počela uobičajena priča, koja se, međutim, nije sasvim obično završila. Kako su se Dodičkina sredstva tanjila, tako su se Ljubine suparnice hladile prema njenom nevernik i najzad, zasitivši se osvete i ne videvši u Dodi više ništa prijatno, prepu-

---

[1] Od franc. ami-chochon – prijatelj-svinja; amikošonstvo predstavlja grubu, neučtivu familijarnost.
[2] Ovde – nepoštovanje pravila dobrog ponašanja (franc.)
[3] Udvoje (franc.)

stile ga jadu i poniženju. Međutim, u to vreme počela je da pada koprena sa Paunovih očiju: Ljuba, koja je ispoljila toliko mnogo dara da sakrije svoju ljubav, potpuno se pokazala nemoćnom da isto tako skriveno podnosi svoju patnju: ona je, najpre, pobegla iz odaja svoje dobrotvorke i potpuno se preselila kod muža. Ovim korakom Ljuba, naravno, nije želela da se nepovratno udalji od dobrog života, već je želela samo da ne gleda neko vreme svog nevernika: sirotica se nadala da će mu time dati do znanja kako je ona ravnodušna prema njemu i da lako može bez njega... Zatim se, verovatno, ona nadala povratku starih osećanja i starih zabava i uživanja, međutim, zbog neveštosti i neiskustva Ljubinog u tome stvar je krenula drugim tokom od onog koji je jadna žena zacrtala. Paun je napregnuo um i pažnju ne bi li prozreo kakva to skrivena, ali jetka tuga muči njegovu ženu. Tražeći odgonetku, on je najpre pomislio: da nije Ljubu uvredila Ana Lavovna, ali je Ljuba uspela da ubedi muža da Ana Lavovna ništa uvredljivo nije učinila. Tada su Paunove sumnje krenule drugim putem i sve neposrednije i bliže istini. Pomislio je: da nije uvredio njegovu ženu *monsieur Njoldemar?* I srce mu se steglo i zabolelo ga. U toj rastrojenosti on se iznenada sudario licem u lice sa bledim i rastrojenim Dodičkom, koji se odnekuda vraćao kući, bez, kako se kaže, ičega ljudskog na sebi.

Paun, dočekavši mladog čoveka i prihvativši bačeni šinjel, odmahnu prekorno glavom za njim i samo što se okrenuo da nastavi spremanje antrea, oseti neučtiv i težak udarac po ramenu: osvrnuo se i video dva policajca i jednog plac-majora, koji su, malo se ustežući, malo se junačeći, pitali Pauna: da li je kod kuće prvenac Ane Lavovne. Dobivši potvrdan odgovor, neočekivani gosti su pošli, svi troje, stepenicama, a kraj vrata su ostavili dva vojnika, rejonskog policijskog nadzornika i bledog, uznemirenog starčića jevrejskog lica. Paun je shvatio da tu nešto nije u redu i hteo je da na neki način upozori Anu Lavovnu, ali šef policije je to odmah primetio i sprečio ga.

Paun se malo začudio, ali se ovo čuđenje još pojačalo kada je čuo da je šef policije pored toga naredio da se uhapsi i Ljuba, i odmah je neočekivano počeo da pretražuje njegovu sobicu.

Paun je pokušao da kaže nešto u odbranu svog stana ali tek što je izustio jednu reč, šef policije ga je udario po šeširu i viknuo:

– Šta, je li tebi šešir za glavu zarastao ili se bojiš da pokažeš rogove?

– Rogove? – izusti zbunjeni Paun.

– Da, rogove, rogove – odgovori mu bezobzirni oficir. – Pa ti, šarena budalo, još nisi do sada znao da imaš rogove? Zahvali se na njima svojoj miloj ženi i poljubi joj ručicu, koja tako spretno u tuđe komode ulazi...

Paun ništa više nije čuo ni shvatao: za njega je bilo mnogo i to što je zvonilo u njegovim ušima: „rogovi i komode".

„Šta je uradila Ljuba? Šta je to ona mogla da uradi, zbog čega bi je tražili i na kraju... uhapsili?"

Da, nju su uhapsili, i to ne samu, već zajedno sa Dodičkom, samo sa tom razlikom što su Dodu odvezli negde u kočijama, a nju je rejonski policijski nadzornik odveo u odeljenje peške sa vojnikom.

XIII

Paun je došao sebi kada ni Dodičke ni žene nije bilo. On se odmah uputio u rejonsko policijsko odeljenje, gde je dobio objašnjenje zbog čega je uhapšena njegova žena i bez ikakvog razloga pojavio se kasno uveče kod mene sa molbom da mu dopustim da kod mene prenoći, pošto *se bojao* da noći u domu Ane Lavovne, jer je, „dobro sve shvativši, strahovao, da slučajno u gnevu ne uradi nešto što ne treba". Ja mu, naravno, to nisam odbio i eto tada je nastupila veoma čudna noć u mom životu, kada sam u toku nekoliko sati živeo u nedrima tuđe duše i sâm osećao tek plameni žar njegove ljubavi i patnje, tek samrtnu ledenu hladnoću njenog užasnog očajanja. Paun se nalazio u stanju najveće uznemirenosti, ali kakve uznemirenosti? Nekakve čudne i nerazumljive. Želeo bih, radi tačnijeg određivanja stanja tog čoveka, koje sam tada posmatrao, da upotrebim biblijski izraz i kažem da se uzneo iz samog sebe i doveden do nekog posebnog stepena posmatranja, koji mu je otvarao pogled u nešto skriveno. Ako se sećate, u Ermitažu, blizu sale sa delima Rubensa nalazi se mala slika Strašnog suda, koju je neobično živo i sitno naslikao neki srednjovekovni slikar[1]. Na njoj je simbolična figura, smeštena u sredinu slike, tako da istovremeno vidi gore Boga u njegovoj nebeskoj slavi, a dole dubinu pakla sa njegovim mračnim gospodarem i najodvratnijim čudovištima, koja tamo čereče grešnike. Svaki put kada stanem pred ovu sliku i pogledam lik koji sam opisao, neizostavno se nehotice setim Pauna: tako mi je, činilo mi se, njegovo duševno stanje bilo slično položaju tog simboličnog lika. Paun je, ako može tako da se kaže, mučenički patio, ali sa dostojanstvom i ispunjen dubokim poštovanjem: nije klonuo duhom, nije jadikovao ni ridao, ali se nije ni povukao u strogo i gor-

---

[1] Radi se o slici „Strašni sud" (Muzej Metropoliten, Njujork), koja se pripisuje holandskom slikaru Janu Van Ajku (oko 1390–1441)

do ćutanje, što mnogi smatraju snagom karaktera. Naprotiv, on je promatrao odakle je pao i gde je mogao još dublje da potone i sa sobom povuče drugo biće – on je sve što se na njega obrušilo primio kao potpuno zasluženi udarac poučne šibe, i progovorio je za mene najneočekivanijim samoosuđujućim tonom. Ušavši kod mene, seo je u moj salon bez mog poziva i nekoliko minuta je proveo duboko i tiho ćuteći, bacajući pogled sa jednog predmeta na drugi i trljajući na kolenima jednu ruku drugom, a zatim je iznenada bacio težak, kao umoran pogled na mene i upitao:

– Čuli ste, gospodine?

Naslutio sam da on pita za dramatični događaj sa njegovom ženom, i da ga ne bih primoravao da uzalud sebe muči ponavljanjem te priče, odgovorih mu potvrdno.

On klimnu zamišljeno glavom i tiho izgovori: „To je užasno!" A potom, kao da se prisetio, dodade življe: „Vi mi oprostite što sam ja tako... seo..."

– Molim vas, Paune Petroviču!

– Kolena klecaju, gospodine... Sve vreme sam bio na nogama... toliko sati... Nisam mogao da se smirim, gospodine.... dok je nisam video... Ipak sam želeo da se uverim u sve.

– I onda: videli ste je?

On nije ništa odgovorio, već je ćutke pognuo glavu u znak odobravanja i minut kasnije počeo tajanstvenim šapatom:

– Plemenita je, gospodine!.. Svu mi je svoju dušu otvorila... na grudima mi je plakala, gospodine i oproštaj molila...

– Jeste li oprostili?

– To jest... šta, gospodine? Ona mi je, otvorivši svoju dušu, u dubini mojoj oči otvorila, i ja sam se, gospodine, užasnuo gospodine. Njena krivica o sebi je, kao laka ševa, sve otpevala i pod nebom se sakrila; a moj greh, kao ugojeni gačac, odozdo grakće i sa zemlje ne može da se digne... Ja sam sad išao kod duhovnog oca, on me je tešio, govori: „Ti si zakon ispoštovao, a ona je žena neverna." Dozvolite!.. Sve je to smokvino lišće, njime se ne mogu zakloniti. Da li bog vidi, gde sam bio ja, kada sam za moje godine vezao njenu mladost? Ja sam nasilnik: ja vidim da sam kao gora pao i raspao se. Vi mislite da sam ja onaj isti kao juče i pre dva dana? Ne, gospodine; danas na dan tuge Gospod mi je ukazao milost: pojmio sam da sam prah, da sam sav sazdan od ništavila i da sve razvratne strasti mogu da oru i seju na leđima mojim: strast, gordost, nečistota, i sladostrašće, i ljubomora, i... i... sklonost ubistvu... Ah! ah! ah!..

On skoči, i ustumaravši se po sobi, nastavi:

– Oprostite mi... Ja... ja sam sada ne zaslužujem ničiji oproštaj, već Hrista radi... u Hristovo ime... oprostite!.. Ja stalno govorim i... da ćutim ne mogu... Duša iznutra... me tišti, kao neotvoreno vino, i... udara u savest i jezik podiže prema grlu... Molim... ako se sa mnom nešto desi... da znate, da sam je ja upropastio, a *ona*... ona samo osećanje ljubavi nije mogla da savlada... Da li ću da je okrivim zbog toga... nju... slabašnu, smrtnu posudu, kada sam se sâm na nju, na svu njenu mladost istim grehom polakomio... Pravičan je Gospod... što me kažnjava: blagosloviću dušu tog i sve ću učiniti za njihovu sreću.

– Šta vi to nameravate?

– Ja... ja hoću da učinim... da ne smetam.

– To jest kako to?... Da umrete, šta li?

On me je pogledao i iznenada se osmehnuo veoma čudnim osmehom, koji je njegovom gordom licu dao takav dobar i mio izraz, kakav ja nikada na njemu nisam video, i reče:

– Umreću, gospodine i živ ću biti. Treba se spasavati. Ženu moju su oslobodili, gospodine: ona ni za šta nije kriva... To je *on* od jedne... dame skupocen nakit odneo, a na Ljubu je bacio sumnju... Da, gospodine.; ali ona njega voli, i njoj... je teško... zbog njega, gospodine.. Ona je sada kod kuće. Dopustite mi da kod vas malo odspavam!

„Vino je, verovatno, otvoreno i duša ga više nije tištala". On je izgledao veoma spokojan i, ostavši sam u sobi, odmah je legao na divan i zaspao. Ujutro sam ja još spavao kada je Paun ustao i, umivši se u kuhinji, otišao. Moj sluga, koji je iz znatiželje pratio Pauna, video je da je on pošao u crkvu.

XIV

Tada je vreme u neku ruku bilo drugačije od sadašnjeg: danas u vojsci na svakom koraku imamo suđenje, a u ono vreme bio je drugačiji red: u pukovima se strogo čuvao ugled mundira i preduzimale su se naročite mere za odbranu te *časti mundira*. Sudilo se samo vojnicima, pa i to ne uvek, a kada se smatralo naročito neophodnim, plemiće manje ili više visokog porekla, koji su raskrinkani zbog razbojništva poput prevara i krađa, uglavnom su otpravljali daleke krajeve i tamo ih zauvek ili na duže vreme sklanjali od pažnje javnosti. To je zahtevala čast mundira i ovim ona kao da se zadovoljavala.

Danas o ovome, čini se, misle drugačije. U današnje vreme sam imao prilike da čujem kako se savremeni vojnici rugaju toj *časti mundira*: oni kažu da „mundir može da donese čast ili da obeščasti samo tog krojača, koji ju je šio". Ono, naravno, takvo mišljenje je veoma realno i može da bude i opravdano, ali ja o tome ne nameravam da sudim; u to pak vreme, o kome govorim, sa onog ko je „osramotio mundir" trudili su se da ga što pre skinu i prognaju daleko od očiju.

Takve mere su preduzete i prema Dodički. Kada sam se ja, u to vreme još prilično nestrpljiv, pojavio ujutro kod ražalošćene *ma tante*[1] Ane Lavovne, ona beše već ustala i veoma graciozno sedela u dubokoj fotelji – i, izigravajući nevinu paćenicu, pomalo plakala, brišući maramicom oči. Ona je bila razgovorljiva i čak se nadugo i naširoko raspričala na temu rđavog društva, koje je navodno dovelo do toga da njen neoprezni Doda bude nezasluženo osumnjičen i upropastilo ga uz pomoć najodvratnije žene, mlade, ali toliko razvratne, da je ona, zaboravivši na blagonaklonost njenu, Ane Lavovne, bila u najnedopustivijoj prisnosti *sa svima*...

Ovde je Ana Lavovna, da bi potkrepila svoje klevete, drobila svakakve besmislice, opisujući tako fantastične slike tobožnje prisnosti Ljubine „sa svima" da je svako i nehotice bio uveren da je sve to besmislica i kleveta.

Ipak, Ana Lavovna je bila zahvalna Bogu i jednom „svetom", po njenim rečima, licu na tome, da kada već Dodička nema mogućnosti da se opravda, pošto je tako prepredeno uhvaćen u zamku Ljubine podmuklosti, bar ga u krajnjem slučaju neće predati sudu svakojakih sitnih činovnika, gde bi on morao da bude na istoj nozi sa drugima, već ga žale i šalju u mali grad N, nadohvat Urala.

Ana Lavovna je tvrdila da će Dodički tamo biti veoma lepo, jer će za njega tamo poslati pismo, a ona će mu sa svoje strane dati krst sa moštima i poslaće mu mnogo knjiga; a tamo će mu kasnije zasigurno ubrzo

---

[1] Tetkice (franc.).

i oprostiti, i sve će mu to samo poslužiti u životu kao korisna lekcija.

Izvršenje sličnih kazni tada je sledilo odmah posle naređenja, i Ana Lavovna, koja je ujutru toga dana govorila da Dodička odlazi, već uveče se vraćala u kočiji uplakanih očiju zbog prepreke iza koje je čila trojka odnela na taljigama Dodičku u pratnji dva žandara, koji su imali u torbi nalog da odvedu dragog vragolana mnogo dalje nego što je ujutru govorila Ana Lavovna.

Celog tog dana, dolazeći i odlazeći od Ane Lavovne, ja nisam video ni Ljubu, ni Pauna, čiji je posao tog užurbanog dana ostao neobavljen, i ja nisam nikoga mogao ni da pitam za njega. Nisam o njemu dobio nikakve vesti ni celog sledećeg dana, a uveče sam se bez ustručavanja raspitao o njemu. Saznao sam sledeće: Paunova soba je još od jučerašnjeg dana bila prazna; njegove stvari su nađene ostavljene bez reda i kako bilo, baš kao posle posete lopova; ni Pauna, ni njegove žene nigde nije bilo, i nije im se znalo ni traga ni glasa.

U opštoj zbrci prethodnog dana niko nije video da li se Ljuba vraćala kući iz zatvora i da li je Paun dolazio noću kući. Samo sam ja mogao da posvedočim da mi je Paun govorio da je navodno odveo ženu kući i da navodno želi da je oslobodi od greha i sačuva svoju dušu; ali, šta su mogle da znače sve te njegove reči? Sada su im pripisivana razna prenesena značenja, u čijem tumačenju se pojavljivalo s vremena na vreme nešto ne sasvim neverovatno. „Odveo kući" – to, govorilo se, navodno znači da ju je on dokrajčio i na taj način ispratio u večnu kuću; a otišao je da sačuva svoju dušu, to je on otišao negde u zabačeni manastir, najverovatnije na Atos ili na Valaam, gde tobože u pogledu isprava nisu mnogo strogi, pa i zbog ženidbe takođe ne odbacuju mnogo, a ukoliko je dobar čovek, ne progone ga, i on će tamo živeti i moliće se i zaista, iako je i ubio ženu, dušu svoju čuva, jer su tamo uvek rad, crkvene pesme, post i do smrti život bez sablazni, a posle smrti bratsko večno predvečerje. Uprkos svemu, u tome je bilo nešto toliko nalik istini, da su svi u tu priču poverovali. Povrh svega toga, kroz nekih dve nedelje ili nešto kasnije negde kraj Jekateringofa ili u Čekušama[1] talasi su izbacili na obalu telo mlade žene, koje je počelo da truli, čije lice nije moglo da se prepozna, ali je na njoj pronađeno fino rublje i crna svilena haljina, upravo onakva u kakvoj je poslednji put viđena Švajcarkinja Ljuba. Istina je da većina crnih svilenih haljina liči jedna na drugu, ali sumnja ne prosuđuje: mladu utopljenicu niko nije prepoznao ni od rodbine, ni od poznanika, i zbog toga ukućani Ane Lavovne i ona sama odlučili su i potvrdili da je ta utopljenica niko drugi do nesrećna Ljuba, žena surovog i osvetoljubivog Raula[2], vratara Pauna Pevunova, koji je nestao bez traga.

Ova okolnost nije prošla bez posledica: nastradala žena je sahranjena, i Ana Lavovna je bila tako dobra da je odobrila za nju deset rubalja, za kovčeg i za pomen Ljubine duše. Na taj način, zahvaljujući hrišćanskoj brižnosti Ane Lavovne priređen je pomen duši prerano nastradale Ljube, a policija je radi očišćenja svoje duše povela istragu o krvniku. Odgovora o mestu prebivanja Pauna, međutim, niotkuda nije bilo. Na kraju se čak govorilo da je navodno nekakav preobučeni rejonski policijski nadzornik išao na Valaam, ali ni tamo nije našao Pauna, koji se skrivao, i nije mo-

---

[1] Jekateringof je rejon u Narvskom delu Peterburga. Čekuši je deo Vasiljevskog ostrva na ušću Velike Neve u Nevski zaliv.

[2] Raul de Kambre – heroj francuskog srednjovekovnog epa.

gao da ga sa svetog ostrva isporuči u zatvor. Više nije imalo gde da se traži i traganje je prekinuto: dan po dan i prošlo je mnogo vremena i na Pauna su zaboravili. I tako su ga dobro zaboravili da ga se do sada nisu setili, osim jedanput, kada su na aukciji prodavani nepokradeni ostaci imovine „bez traga nestalog Pauna".

Ali gde su nestali Paun i Ljuba?

Zbog toga moramo da se vratimo unazad, u ono vreme kada smo ih izgubili iz vida.

Paun je, oprostivši se sa mnom, ušao kod žene, ni od koga primećen. Ljuba je, videvši muža, zadrhtala. Ona ga nikada nije videla tako dobrog i zbog toga joj se učinio tako strašan.

On se na brzinu presvukao, obukao je ženu, uzeo sve što je smatrao neophodnim i izveo Ljubu iz kuće Ane Lavovne. Ljuba se nije protivila i shvatala je samo jedno, da je nekud odvode. Paun i Ljuba su sreli prognanog Dodičku na prvoj stanici. Ljuba se nije pokazivala, već se Paun pojavio pred mojim dragim bratom od tetke na spoljnom stepeništu, ali se pojavio ne sa mržnjom uvređenog muža, već sa velikom blagošću hrišćanina koji je sebe savladao, i rekao mu:

– Budite milostivi i velikodušni, recite: da li ste vi voleli moju ženu?

– Da; a šta ti hoćeš? – odgovorio je Dodička, koji se tad još nije odvikao da oseća svoju gospodsku nadmoć nad lakejem koji je stajao pred njim.

– Ja ću vam sada reći šta hoću – odgovori krotki Paun – ali mi vi molim vas prethodno odgovorite: da li je vi volite i sada?

– Da, volim, i šta onda?

– Ništa, gospodine, ništa, gospodine više, i ona vas takođe voli, užasno voli... i... i sama mi je to rekla.

– Ti si je to pitao?

— Da, gospodine; ja sam je to pitao, i ona mi je sve otvoreno priznala i plakala je... Šta da se radi: ja sam za nju kriv pred Bogom!

Dodička nije verovao svojim ušima i nije shvatao šta to znači. A Paun je otišao za to vreme u susednu sobu i izveo odatle za ruku svoju zbunjenu ženu i rekao:

— Evo nje, gospodine; ona mi nije više žena! Gospod Isus Hrist je dozvolio čoveku da ostavi ženu radi greha[1]... sedmom zapovesti. Ona mi je taj greh priznala, i pored toga sami je vidite u tom stanju, da će ona biti majka, a tom detetu ja nisam otac...

— Gle! — usliknu Dodička, ne shvatajući čime će se to završiti.

— Zbog svega toga ja je po božijem zakonu puštam od sebe... I pošto vas ona tako odanom ljubavlju voli, uzmite je i oženite se njome!

— Ti si poludeo! — dođe sebi Dodička. — Kako ja mogu da je oženim?

— A zašto da ne?.. Zar vam je ponižavajuće?.. Uzalud, gospodine. Ja joj štaviše ne bih savetovao da pođe za vas, zato što ja znam kakav ste vi čovek, i za nju sreće sa vama neće biti, ali i ona sama to zna i ipak vas nosi u srcu, tako da se nema kuda... Trebalo bi u manastir da ide, a nju još bezdan vuče, pa neka onda to bude bar bez greha i sramote; i zato... ženite se!

— Ma stani Paune — zaplete jezikom Dodička, pravdajući se — pa ja uopšte o tome ... ne zbog toga... već što si ti još živ...

— Da, gospodine, ja sam živ; ja sam još živ i, Bog zna koliko ću se još napatiti, ali ja ruku na sebe ni zbog nje čak neću dići. Juče sam o tome razmišljao, ali...

---
[1] Preljuba (*Jevanđelje po Mateju*, 19, 19).

Na ove reči Ljuba vrisnu i baci se u mračni ugao pritiskajući lice rukama.

– Hm, vidite! – reče Paun, bolno se osmehnuvši – ona mene ne voli, a njoj je zbog mene teško, a vama zbog nje kao da nije, a međutim ona vas ipak voli... Da ona mene voli stoti deo toga, koliko vas voli, ja bih čak i progonstvo sa njom smatrao rajem... Ali čemu priče!.. Svejedno: molim vas da je sada uzmete i pođite... i... oženite se njom... ja ću na to motriti, i ako vi ne uradite tako kako ja kažem, onda... – on se sagnu prema Dodinom uhu i dodade: – ne terajte me na greh: ja vam sada govorim krotko, kao hrišćanin, a inače ću da vas ubijem; neizostavno ću, gospodine da ubijem, i odmah ću da ubijem, ma gde da se nalazili, ja ću da vas nađem i ubijem, zbog nje... zbog žene... zbog bespomoćne... Svugde... u hramu gospodnjem ću ubiti.

Paun je, po svoj prilici, ovo govorio veoma odlučno ili je moj brat od tetke bio previše velika kukavica, tek njega je odjednom prošla svaka želja da odbija ženidbu sa Ljubom i on se sa tim potpuno složio. Uostalom, moguće je da se on složio imajući čvrstu nameru da to nikada ne ispuni, tim pre što je imao osnove da računa na mogućnost da se sakrije od Pavlina. Tada je on samo ukazao starcu na tu okolnost da je brak bez odlaganja sa Ljubom nemoguć, jer ženu živog muža sa drugim neće ponovo venčati, ali je Paun odgovorio:

– E, za to se vi već ne brinite, to je moja stvar: ja ću do tada umreti, a vas će venčati.

– Ti ćeš umreti?

– Da, ja ću umreti.

„Umreće, a ovamo hoće da ubije mene – mislio je Doda. – Jadni starac, kako oni, ti prosti ljudi ponekad vole!.. Meni ga je čak žao: on je poludeo."

XV

Sa ovim su se oni i razišli – i Doda je, naravno, smatrao da se potpuno oslobodio i od Paunove žene, koja mu je dosadila, koju nije imao ništa protiv da pokazuje kao svoju ljubavnicu, ali nikako nije hteo da je ima za svoju ženu. Doda je lepo putovao. Pošto on zapravo nije bio osuđeni zločinac i njegov zločin, držeći se u tajnosti, u potpunosti mu je omogućavao da se izdaje za običnog gardijskog obešenjaka, svugde je na putu koristio popustljivost vlasti, a žandarmi koji su ga pratili, videći tu popustljivost, još više su mu gledali kroz prste. On je putovao ne žureći, ne brzom maršrutom; zaustavljao se u usputnim gradovima, primao posete i sam posećivao lica, čijoj je pažnji bio preporučen od strane zaštitnika Ana Lavovne iz Peterburga, i čak se ponegde i predugo zadržavao izgovarajući se umorom i bolešću. Budući u neku ruku pomalo praktičan, on je čak naučio da izvlači izvesnu koristi iz svog potčinjenog položaja i, ne govoreći o pravom razlogu svog izgnanstva iz prestonice, davao je na znanje da je tu upleten nekako posredno despotizam, koji je progonio njegovu ljubav prema slobodi. Ovo je u Rusiji odvajkada koristilo svim praktičnim ljudima koji su se obraćali tom sredstvu, i Doda, nastojeći da pobudi pažnju svojim stradanjem *za slobodu misli*, čak je imao izvesnog uspeha kod muškaraca i lako je sticao naklonost dama... Jednom rečju, sve se odvijalo što je moguće bolje za našeg izgnanika, i on je na ovaj način izdržao polovinu svog puta, kada je iznenada na samom prevoju preko Urala na njega – kao iz večnih snegova i magli – izvirio Paun!.. I to kakav Paun: preteći i neodoljiv, vidljiv i neprimetan, koji dela i ne postoji.

Znate: kada čovek u pripoveci ili romanu čita nekakav izuzetan događaj, uvek nehotice pomisli: „Eh, dragi autore, da niste dali previše maha vašoj fantaziji?" A u životu, naročito kod nas u Rusiji, dešavaju se ponekad stvari daleko čudnije od svake tvorevine mašte – međutim takve neobičnosti često ostaju potpuno neprimećene. Ja se sada prisećam čuvenog romana *Šta da se radi?* Kada se on kod nas čitao sa takvim velikim zadovoljstvom i svakako sa još većom korišću, ja sam, na moje iznenađenje, od mnogih čuo sumnju ne u to: da li je prikladno živeti utroje i da li švalje imaju dvorce od aluminijuma, već samo u jedno: da li je moguće da obrazovani i najhumaniji heroj priredi venčanje svoje žene za drugoga a zatim se sam pojavi pred njom da bi utroje pili čaj? A zar se to dešava u životu, ukoliko živiš među živim ljudima, a ne bezosećajnim i beskarakternim lutkama? Moj Paun je prvi uistinu učinio nešto daleko izvanrednije, tim pre što je taj Paun bio prost čovek i voleo je svoju ženu mnogo prirodnije nego heroj pomenutog romana, toliko poznatog u književnim hronikama.

Dodička je doputovao u nekakav gradić, čije vam ime neću reći, pa tu se i ne radi o imenu. Ovde se moj mili brat od tetke nadao da će naći lica, za koja je imao pisma u kojima se izražava blagonaklonost. Računajući da će tu malo da se odmori i planduje, odseo je zbog bolesti u jedinoj tamošnjoj gostionici pored same stanice i, poslavši žandara sa pismom na određenu adresu, već je stigao *à la* Hljestakov[1] da namigne nekoj susetki iz kuće preko puta – susetkom čije lice, uzgred rečeno, propisno nije osmotrio, jer čim se ona pojavila pored prozora u sobi, napolje, ispred

---

[1] „Tamo u gradu tumaraju oficiri i narod, a ja, kao za inat, dao sam ton i namignuo kćerki jednog trgovca..." (*Revizor*, 2. čin, 7 poj.)

tog prozora odjednom je ustao i počeo rukavom da trlja stakla visok, čupav, sed starac ogromne brade i u neobičnoj, po Dodinom mišljenju, jelenskoj bundi. I đavo će ga znati, odakle se on stvorio? Dodička ga je, doduše, uzgred primetio kako sedi pored prozora na snegom zametenom nasipu kraj kuće, ali mu se on na prvi pogled učinio više nalik na starog jarca, nego na čoveka – i odjednom to strašilo skače i klizi po staklu svojim šapama, kao da namerno hoće da dobrog mladića onemogući da uživa u lepoti susetke... I on je ipak postigao svoje, taj starac: Doda nije osmotrio susetku, koja ga je zainteresovala, ali to mu je, usotalom, bilo potpuno svejedno: osećaj mu je govorio da mu se dopada, i sa njegove strane više nije bilo nikakvih prepreka da sa njom odigra prolaznu avanturu, tim pre što se susetka, koliko je on mogao da proceni, takođe, verovatno, za njega zainteresovala. U krajnjem slučaju Doda je imao razloga da misli ovako, jer se privlačna neznanka, primetivši ga, očigledno namerno nekiliko puta pomolila na prozoru. Neugodno je bilo jedino to što se ona stalno pojavljivala malo previše brzo, tako da Doda nikako nije mogao da je dobro osmotri. Ali zato je to, naravno, još više pobudilo njegovu znatiželju, i on je seo uz prozor čvrsto rešivši da ne ustane odatle pre nego što je dobro vidi. To se dešavalo pred veče; jedan žandar je bio poslat sa pismom, drugi, koji je ostao reda radi na straži, nakon dugog puta na drndavom kočijaševom sedištu gromoglasno je hrkao u predsoblju na koferu. Doda je sve vreme sedeo kraj prozora i sve vreme očekivao neće li se još jedanput nešto jasnije pojaviti na prozoru njegovo privlačno *vis-à-vis*... Sudbini se prohtelo da mu malo ugodi: evo u prozoru je zasijala slaba svetlost, na stolu se pojavila upaljena sveća, a između nje i prozora izdvojila se i stala silueta ženske

figure. Opet veoma efektan, ali najnezgodniji položaj. Koja žena će, želeći da se pokaže, stati ili sesti između tamnog prozora i sveće, koja je osvetljava otpozadi? Očigledno to je ili potpuna nevinost ili pak veoma iskusna koketa, koja želi da se podmuklo vežba na neiskusnom čoveku. Ali Doda nije provincijski tikvan: on je prošao dobru peterburšku školu kod žena i, naravno, želeo je da smatra sebe iskusnim čovekom: on neće upaliti svetlost kod sebe i njegova susetka neće moći da vidi da li se on interesuje za nju ili ne. Na taj način, ako ona nije koketa, već povodljiva romantična naivka, ona će se zacelo upecati na ovu udicu. To će joj biti neugodno: ona neće biti oprezna i, naljutivši se, prići će sama da uzme svoju sveću – i tada će je on videti; a ukoliko je vešta i lukava, kao... kao što je, na primer, bila u Peterburgu ona Ljuba, od koje je on, hvala Bogu, tako daleko sad odmakao, tim bolje: ona će biti dobro kažnjena za svoju lukavost i može da presedi i do sutra, ili dok joj taj sedi jarac ne zatvori kapke... A uzgred, kud se dede taj stari jarac? Nešto ga nema... Uostalom, mi o vuku a vuk na vrata: Doda, koji je sedeo u mraku, nije stigao na njega ni da pomisli, kada mu učinilo da čuje kao da škripe vrata njegove sobe, i kada se okrenuo, očekujući da vidi pred sobom žandara poslatog sa pismom, umesto ovoga glasnika pred njim je stajao pomenuti starac jarećeg izgleda. On je ušao tiho i, imajući na nogama meke valjenke, tiho je došao do same Dodičkine fotelje i stao iza njegovih leđa tako blizu da, kada se moj brat od tetke okrenuo, stajao je lice u lice sa tajanstvenim strancem. Doda, kao i svi bezočni ljudi, bio je velika kukavica i, i neizmerno se zbunivši pri ovom susretu, slabim glasom jedva izgovori:
– Šta vi ovde tražite? Hej ti! ..... Žandare!
Ali žandar je čvrsto spavao i nije čuo poziv.

– Ne uzrujavajte se, gospodine – odgovori tajanstveni posetilac glasom, u kome nije bilo ničeg strašnog, ali od koga plašljivog Dodu uhvati drhtavica – Ne uzrujavajte se, ja sam kod vas zbog male stvari ne u svoje ime....
– Paune!.. To si ti?
– Pssst! molim vas... Kakav Paun? nikako; vi grešite, ja nisam Paun: ne znam nikakvog Pauna, ja sam potpuno drugi čovek, ja sam građanin Spiridon Androsov, prosti građanin... da, gospodine, i sa sobom imam svoje isprave... valjane isprave, važeće: sa pečatom, sve je navedeno. Spiridon Androsov, zanatlija, putujem poslom i svoje papire često prijavljujem. Gde dođem, odmah se prijavim... iz predostrožnosti takođe sam se i ovde pre nedelju dana prijavio...
– Ali to si ti... ti si Paun lično! Kao da te ja ne poznajem?
– Nipošto, ja sam Spiridon Androsov.
– Šta vi želite od mene?
– Ja apsolutno ništa; nego doneo sam vam ceduljicu, evo molim uzmite.
– Od koga je to?
– Od jedne udovice ovde... da, mlada udovica... molim pročitajte: sami ćete videti, šta je tu.
Moj brat od tetke je minut pre ovog bio ubeđen da pred njim stoji niko drugi nego Paun, zarastao u kosu, ali čuvši sablažnjive reči o udovici i njenoj ceduljici, on je nekako sve ispustio iz vida i žurno upalio sveću, da bi što pre pročitao papirić, i odjednom ga je ponovo ispustio; sada nije moglo biti ni najmanje sumnje u to da je čovek koji je stajao pred njim bio Paun Pevunov. Samo su mu cela glava i lice veoma zarasli u sedu kosu te se okitio u nekakav poluazijatski kostim, ali i pored svega toga svako, ko ga je poznavao, ne bi mogao da kaže da to nije on, sâm Pa-

un, glavom. I jasno mu se iz očiju čitalo da on vidi da je prepoznat i da shvata da je nemoguće ne prepoznati ga. Moj brat od tetke se zbog svega toga tako zbunio, da je ovog puta već glasno povikao:

– Paune... Šta ti od mene hoćeš, prokleti Paune?..

– Ali na ove njegove reči stranac je tako snažno stegao Dodinu ruku da je mladi kicoš čučnuo i promucao: „Ah, ti, bezobrazniče!" i u svojoj smetenosti opet uzeo papir koji je ispustio: to je bio crkveni prepis iz knjige umrlih, u kome je bilo zapisano da je pre oko pola meseca u tom i tom gradu iznenada umro i sahranjen carskoseoski građanin Paun Petrov Pevunov, a njegovoj udovici, Ljubov Andrejevnoj Pevunovoj, izdato je svedočanstvo o ovome sa potpisom i pečatom.

Eto ko je ta udovica! Ta udovica je bila niko drugi nego sama Ljuba, zaljubljena u Dodu. Stvar je postala ozbiljna i neprijatna i rezultat svega toga je bio da se Dodička, ne došavši do svog odredišta, oženio „Švajcarkinjom Ljubom". Prihvatio se on toga ne pružajući nikakav otpor, već čak, kao i sa zadovoljstvom. Zbog čega je došlo kod njega do takvog obrta ne umem da kažem, ali mislim da su u ovome ulogu imali njegovo sve veće i veće udaljavanje od njegove kuće i, sa sve većim udaljavanjem, sve osetnije siromaštvo. To je, verovatno, i probudilo u njemu snažna osećanja prema ženi koja ga je nežno volela, a tu je i njena lepota, i romantična situacija, a možda i preteći zahtevi Pauna, i sujetno strahovanje da ovaj čudak ne razglasi zbog čega je Dodička prognan i time ga zbaci sa njegove političke pozicije – jednom rečju, sve to zajedno ili ponaosob navelo je mog brata od tetke na to da se čak sa zadovoljstvom venča Paunovom ženom, a građanin Spiridon Androsov je bio na njihovoj svadbi i potpisao se kao svedok u matičnoj knjizi. – Nadam se da nećete početi da me ispitujete: kako je to moglo da se desi da Paun sam sebe sahrani i pribavi za to svedočanstvo svojoj udovici? To kod nas nisu samo priče već zbilja: umro je u svratištu prolaznik, Paun se tajno dogovorio sa kim je trebalo, gurnuo u pokojnikovu torbu svoje isprave, a njegove papire uzeo kod sebe – i stvar je završena. U Novorosijskom kraju, nekada, kada su kmetovi bežali, to se redovno radilo i zbog toga je tamo često bilo ljudi, koji su po ispravama živeli do stopedeset godina. Umre Ivan od sedamdeset godina, njegove isprave uzme četrdesetogodišnji Petar, i životna dob je produžena... Međutim, to se više tiče naših statističara, a ja nastavljam, ili, bolje rečeno, završavam moju priču.

XVI

Mladenci, nastanivši se u majušnom gradiću, određenom za njihovo boravište, uopšte nisu znali čime da se pozabave ni šta da rade. Ljubina privrženost nije mogla na duže vreme da usreći Dodu, koji je kao peterburški svetski mladić voleo društveni život i čija je duša žudela za snažnim osećanjima. Nemajući želju, a možda i ne nalazeći u sebi snage da odustane od tog načina provođenja vremena, on je i sada u tom svom rđavom položaju među prognanim šljamom pronašao kakve je mogao „političke" ljude koji su bili po njegovom ukusu, opijao se sa njima običnom votkom, igrao karte za sitan novac, podvaljivao, često bio tučen i, najzad, na svoju veliku sreću, koje teško da je postao svestan, namrtvo bio ubijen u tuči, zbog novčića od petnaest kopejki, nepravilno uzetog od uloga u igri. Za sve vreme tog života, koji je trajao oko dve godine, Ljuba je pila, kako se kaže, gorku čašu najljuće patnje, ali u toj svojoj turobnoj žalosti neprekidno je dobijala podršku u pismima i novcu od Spiridona Androsova, koji je, očigledno, nije ni za trenutak ispuštao iz vida i koji je čuvao njen mir. On je stupio negde u blizini u službu kod nekog vlasnika rudnika zlata i zbog izuzetnog poštenja, skromnosti i tačnosti, koji se promenom imena kod njega nisu izmenili, ubrzo je stekao poštovanje i novac, i od toga skoro ništa na sebe nije trošio, već je sve čuvao za Ljubu. Ne znam kako je Ljuba raspoređivala tu uštedevinu, koju joj je slao njen umirovljeni muž, ali, najverovatnije, može se pretpostaviti da je, ukoliko ne sav novac, onda u najboljem slučaju njegov najveći deo, propijao i prokockavao njen sadašnji muž, Dodička koji se potpuno odao piću i poseljačio. Govorilo se da je on otimao od Ljube sve, ponekad najgrublje tražeći, a ponekad čak i batinama... Paun je sve to znao, kao da je tu eto i živeo sa njima, ali nije pomutio Ljubinu dušu ni na trenutak i nije iskoristio njeno razočaranje u Dodu da bi ih razdvojio jedno od drugog. Potpuno suprotno: Paun je davao podršku Ljubi brojnim i divnim pismima, koja su nekim slučajem došla u moj posed, i ja ih čuvam kao redak i izuzetan primer prostog ali dubokog filozofsko-mističnog umovanja neobrazovanog, ali pametnog čoveka jake volje. Ova pisma, pisana „od grešnog raba sapaćenici Ljubi", imaju pomalo karakter poslanica: u njima autor govori kao da je on sve svoje već pretrpeo, propatio i, bivajući iskušan, sada sam može da pomogne onima koji su pod iskušenjem. U nekima od njih, čak u mnogim, Paun ne piše ženi ništa o dnevnim interesima, već daje savete, ubeđuje je da bude strpljiva, razumna, dobra, postojano verna i predana njenom izabranom mužu. Ako se ova pisma čitaju hronološkim redom, onako kako su pristizala jedno za drugim, u njima nehotice skreće na sebe pažnju duh religioznog misticizma koji se neprestano pojačava. Autor na početku kao da saoseća sa Ljubinom sudbinom i govori o nužnosti trpljenja, jer sa nestrpljenjem biva još gore; ali zatim on malo-pomalo menja ovaj motiv i počinje da je ubeđuje kako treba da se raduje ukoliko je nesrećna, i sam se raduje, ali se raduje tako da se u početku nehotice javlja zbunjenost: nije li dušu autora obuzela niska zluradost zbog očevidnih nevolja Ljube, koja ga je prevarila. Ali, zatim, proniknuvši dublje u sledeća pisma, vidite da pero njihovog tvorca vodi drugo osećanje, osećanje nekakve potpuno osobene, moglo bi se reći, istinski nezemaljske ljubavi – i uz to ljubavi najbrižnije i samoodricajuće, ali stroge. Paun uči Ljubu da trpi za dobrobit drugih i da bi se iskupila za svoje zablude i, ubeđujući je u ovo prilično starim obrazloženjima, poznatim odavno iz knjiga duhovnog sadržaja, izlaže ova obrazloženja tako živo i prirodnim darom ubedljive rečitosti, da kao da im daje novu živu snagu. On nesumnjivo vodi brigu o jednom: da *preporodi duh* stradalnice Ljube – i, verovatno, videći iz njenih odgovora da je taj preporod za koji brine moguć, on sasvim prelazi na očinski ton i čak u samom obraćanju njoj upotrebljava reči „kćeri moja". Poslednje pismo s takvim obraćanjem u početku je ispunjeno veoma nobičnom dirljivom nežnošću, koju nije progutao opšti lokalni okrutni kolorit, koji je ga je obavio: u ovom pismu Pavlin, koji se potpisuje kao „Spiridon Androsov", piše: „Nemoj klonuti; ne nama, slabima, već svetom apostolu Pavlu bio je dat anđeo satanin u telo,[1] ali ga je on pobedio, i ti ćeš ga pobediti snagom, jer je još malo preostalo."

Ovo „malo" bilo je proročanstvo vidovnjaka, i Ljuba je to tako i protumačila kada je, nekoliko dana nakon što je dobila to pismo od svog prvog muža, umrlog za svet, njen drugi muž premlaćen u tuči i umro kraj njenih vrata, koja u pijanom stanju nije mogao da pogodi. Ona je odmah obavestila Pauna o ovom događaju i ovaj je smesta došao kod nje: oni su zajedno sahranili kako je red Dodu i... posle toga smesta zajedno nestali. Kuda? Niko to nije znao: ali ja ću vam ispričati to što niko ni ne zna: iza Kijeva, iznad Dnjepra, u mračnoj, neprohodnoj borovoj šumi nalazi se siromašni ženski manastirić. Siromaštvo i beznačajnost ove obitelji je takva da je drugačije i ne zovu nego *manastirić*: tamo je nekada upravnica bila moja tetka Olga, i tamo baš je bila monahinja, zatim isposnica, Ljudmila. Ona je preminula pre kratkog vremena, pre samo nekoliko godina, ni blizu još dubokoj starosti, *oslepevši od suza*. Ova mila starica, čista srca sa *isplakanim očima*, u čije su duplje radi prijatnog izgleda stavljene okrugle sedefne ikonice, bila je pravi anđeo krotkosti i milosrđa; njenu dobrotu i sveopraštajuću hrišćansku ljubav još i sada s ganutošću i suzama pominju ne samo sestre siromašnog manastira i bogomoljci koji posećuju manastirić, već čak i Jevreji iz obližnjeg trgovačkog mestašceta. Za nju se zna da je bila udovica čoveka iz veoma dobre porodice i da je stupila u manastir, izgubivši muža, a doveo ju je ovde na sopstvenom konju izdaleka nekakav grub čovek – *redovnik koji se zavetovao na večito ćutanje*, od koga niko nije čuo ni jedne jedine reči. Na njenom grobu nema spomenika, koji objašnjava njeno poreklo, već stoji prost hrastov krst sa natpisom: „Shimonahinja Ljudmila, u svetu grešna Ljubov". Krst

---

[1] „I da se ne bih pogordio zbog mnoštva otkrivenja, dade mi se žalac u tijelo, anđeo satanin, da mi pakosti, da se ne ponosim" (*Druga poslanica sv. apostola Pavla Korinćanima*, gl. 12, st. 7)

ovaj nad njom postavio je onaj isti shimnik, koji je došao u manastirić posle smrti sestre Ljudmile iz dalekog, surovog manastira, čije ime nemam razloga da vam kažem. Ne znam takođe da li treba da vam objasnim i to da je ta „shimonahinja Ljudmila, u svetu grešna Ljubov" bila upravo naša poznata Švajcarkinja Ljuba; a shimnik, koji je došao i postavio krst na njen grob bio je Paun, čije monaško ime ja ne znam, a i da znam, neću reći. Eto kakve tajne i kakvi karakteri žive ponekad među zidovima naših manastira.

– I taj shimnik... kako ga? – progovori jedna od dama.

– Šta?

– On je još živ?

– Čini mi se; u svakom slučaju prošle godine on je još bio živ.

– I vi ste ga videli?

Pripovedač je potvrdno klimnuo glavom.

– Pa gde? Nije valjda ovde, na ovom ostrvu – na ovom Valaamu?

– Pa zar to nije svejedno za vas – zamislite ga gde god hoćete; on je svugde moguć.

NIKOLAJ LJESKOV I *PAUN*

Kad bismo prevodili imena, Ljeskov bi mogao biti *Šumski*. A taj prevod ne bi izneverio Ljeskova kao pisca. Kao pisac potiče iz najdubljih zabiti lavirintskih šuma takozvane ruske duše. Njegova opčinjenost seoskim životom, dramskim zapletima iz dalekih ruskih provincija, predanjima čija misterija nikad ne biva do kraja odgonetnuta, nosila ga je u pričanju i učinila nezaobilaznim klasikom ruske proze devetnaestog veka. U njega se kao u jednog od svojih učitelja zaklinjao A. P. Čehov. Maksim Gorki je branio njegovo delo od sumnjičenja u revolucionarnom vremenu da je konzervativno, i tvrdio da je ono duboko ukorenjeno u narod i potpuno bez stranih uticaja. Dmitrij Šostakovič je, polazeći od najpoznatije Ljeskovljeve povesti, *Ledi Makbet Mcenskog okruga*, komponovao svoju istoimenu operu 1934. godine. U svakom slučaju, delo Nikolaja Ljeskova je među nekoliko remek-dela koja najneposrednije dočaravaju rusko tajanstvo i u srcu je ruskog romanesknog uskrsnuća. Ono svojom vitalnošću, živopisnošću, pa i osobenim humorom, te svojim inventivnim narativnim tehnikama, koje nisu lišene modernih trilerskih obeležja, i danas potvrđuje trajnost i čita se kao da je juče stvoreno.

Valter Benjamin je Ljeskova smatrao izuzetnim autorom koji je u svojoj borbi protiv birokratije pravoslavne crkve i njenog sveštenstva, naročito po selima, saveznike nalazio u ruskim legendama iz kojih je uvek birao obične likove, delatne, bez nekih retkih karakteristika, i koji upravo svojim prirodnim reakcijama poprimaju bezmalo svetački oreol. Njihov kolokvijalni govor, na kojem je Ljeskov znalački istrajavao, pravo je blago u pripovedačkom smislu. Nisu to likovi mistički uronjeni u svet, nego svoj put nalaze upravo kroz naivne dodire sa tim svetom. I kao pripovedač i kao romanopisac i novinar, Ljeskov je bespoštedno kritikovao strogost kojom se dičila tamošnja Pravoslavna crkva, i zbog toga je bio napadan od strane konzervativnih duhova. Istovremeno, napadali su ga i levi progresivni intelektualci, videći u njemu otpadnika.

Rođen je 1831. godine u Gorohovu, u pokrajini Orel. Premda obrazovani, naročito majka, roditelji su mu bili iz nižeg seoskog plemstva i posedovali tek malo imanje. Kad je imao petnaest godina, otac mu je umro, i Nikolaj Semjonovič je napustio orelsku gimnaziju, a ubrzo zatim celo imanje je nestalo u požaru. Više nije ni pohađao školu. Preseljen u Kijev, živeo je tamo u kući svog strica, profesora medicine, gde je počeo da čita knjige iz filozofije i ekonomije, kao i da uči poljski i ukrajinski jezik. Pridružio se i kijevskim liberalnim kružocima, oženio (imao je sina i kćerku iz tog braka sa Olgom Smirnovom), počeo da radi za neku englesku firmu i putovao širom Rusije. Taj period njegovog života bio je i presudan za njega kao pisca. Prešavši u Moskvu, odvojio se od žene i počeo da piše za novine i magazine. U Petersburgu, njegov život kao pisca bio je sudbinski zapečaćen. Putuje u Istočnu Evropu i Francusku. Živi sa Katarinom Bubnovom (od koje mu je sin Andrej Ljeskov, njegov budući biograf), a u časopisima mu se pojavljuju prve priče. Pisaće punom snagom do svoje smrti, 1895. godine. Sa psihološkim elementima, sa senzualnošću, to pisanje, mada ponekad oslabljeno autorovom težnjom da služi nekoj ideji, pleni snagom, dinamikom i svojevrsnom emfazom. U njemu prepoznajemo i moć i strast da se definiše predmet, kao što osećamo i zadovoljstvo u narativnoj kompoziciji. Ljeskov je tvrdio da pripovedanje za njega nije umetnost nego samo zanat. Međutim, kad čitamo njegove priče i duže povesti, kakva je i ova, *Paun,* možemo biti sigurni da tu nije u pitanju bio samo zanat.

Naslov ove duže povesti, ili čak kratkog romana, igra na dvostrukom smislu koji je Ljeskov pridao imenu *Pavlin*. To je podjednako varijanta imena Pavel, ali i ptica bogatog repa, šarenog perja. Junak je bivši kmet koji je skupo otkupio svoju slobodu i postao domoupravitelj u službi aristokratskih porodica. Usvaja, a zatim i ženi devojku, plemićkog porekla, koja je ostala bez porodice. To je bio već nečuveni gest. Oženjen, on nastavlja da joj služi i da je obožava čak i kad ona, postupno, vraćajući se svom klasnom poreklu, postaje ljubavnica jednog zgodnog oficira. Pavlin paun spreman je da preda celu svoju dušu, da založi svoje telo, u tu pustolovinu koja ga izlaže neizrecivim patnjama. Ali, uprkos tome, on nijednog trena neće ustuknuti u svojoj borbi protiv, kako on već vidi svet, obmane i nepravde. U toj raspetosti, Ljeskov bi hteo da pokaže gde počiva čovekova svetost.

J. A.

SADRŽAJ

Paun 5
Nikolaj Ljeskov i *Paun* 89

Izdavačko preduzeće
RAD
Beograd, Dečanska 12
*
Glavni urednik
NOVICA TADIĆ
*
Lektor
MIROSLAVA STOJKOVIĆ
*
Korektor
NADA GAJIĆ
*
Nacrt za korice
JANKO KRAJŠEK

Digitalizacija slova
DARKO STANIČIĆ
*
Za izdavača
SIMON SIMONOVIĆ
*
Štampa
Elvod-print, Lazarevac

Tiraž 500

CIP – Каталогизација у публикацији
Народна библиотека Србије, Београд

821.161.1-32

ЉЕСКОВ, Николај Семјонович

    Paun / Nikolaj Ljeskov [s ruskog prevela Nada Uzelac]. – Beograd : Rad, 2003 (Lazarevac : Elvod-print). – 91 str. ; 17 cm. (Biblioteka Reč i misao ; knj. 543)

Prevod dela: Павлин / Николай Лесков. – Tiraž 500. – Str. 89–91: Nikolaj Ljeskov i Paun / J. A. – Napomene i bibliografske reference uz tekst.

ISBN 86-09-00826-6

COBISS.SR-ID 109474316

www.ingramcontent.com/pod-product-compliance
Lightning Source LLC
Chambersburg PA
CBHW071727040426
42446CB00011B/2258